すぐに実践したくなる

すごく使える

心理学テクニック

PSYCHOLOGICAL
TECHNIQUES

内藤

日本実業出版社

まえがき

政治学を学んだからといって、立派な政治家になれるのかというと、そういうわけにはいきません。経済学の勉強をしたからといって、大金持ちになれるのかというと、なかなかそんなにうまくはいきません。教育学を学んでも、子どもをうまく育てられるのかというと、これもそのような保証はありません。

ところが、心理学は違うのです。

たいていの学問は、理論と現実がまったく乖離していて、「まったく役に立たない」ことが多いのに対して、**心理学という学問で明らかにされている知識は、驚くほどに「役に立つ！」と断言できるものばかり**なのです。

「そんなのウソでしょ!?」と思いますよね。そんなにうまい話があるわけはない、と。

ところが、本当なのです。

心理学の勉強をすれば、その知識は、ビジネスでも、受験でも、恋愛でも、人間関係でも、何にでも応用がききます。幸せな人生を歩むために役に立つ知識は、心理学という学問の中に詰まっているのです。

何をするにしても、「こういうケースでは、こうしたほうがいいんだったな」という心理学の知識があれば、おトクです。**心理学というのは、まことに実践的で、有用な学問**なのです。

本書は、そうした心理学のテクニック集です。

たとえば、本書の中では、次のようなアドバイスをしていきます。

○ストレス解消をしたければ、皿洗いをせよ
○長いお箸を使うと、どんな食事もおいしく感じられるのでラッキー
○株をやるのなら、まず「晴れ」かどうかに注目
○ゲーム（スーパーマリオ）で遊ぶと、頭がよくなる
○「私は若い」と思い込んでいれば、病気にならない
○人間関係の達人になりたければ、チェスを学べ

どうでしょう。役に立つと思いませんか？　もし少しでも興味があるのなら、ぜひこのまま本書を読み進めてみてください。あまりに便利な方法が、これでもかというくらいに紹介されておりますので、きっとご満足いただけると思いますよ。

それでは、最後までよろしくお付き合いください。

２０２３年７月

内藤誼人

CONTENTS

第2章 人間関係の心理学

第3章 仕事術の心理学

第4章 学びの心理学

第5章 お金儲けの心理学

第6章 恋愛の心理学

第7章 心と身体の健康の心理学

ブックデザイン　相原真理子
イラスト　杉崎アチャ
DTP　ダーツ

日常生活の心理学

01 お願いをするときは、きちんと目を合わせてから

お願いを聞いてもらうには、ちょっとしたコツがあります。

それは、きちんとお互いの目を合わせてから、お願いをすること。目が合っていないのにお願いをしても、言うことを聞かせることはできません。

たとえば、同僚のだれかに自分の仕事のお手伝いをしてもらいたいとしましょうか。

このときには、まず「○○さん！」と相手の名前を呼びかけ、相手がきちんとこちらに顔を向け、**目が合ったことを確認してから、「実は、お願いがあるんですよ」と切り出す**ようにするのです。目が合っていないときには、お願いをしてはいけません。たったこれだけのことを注意するだけで、相手が素直に受け入れてくれる割合は2倍も高まってしまいます。

米国テンプル大学のキャロリン・ハムレットは、先生の言うことを聞かないジェシカとネイサンという2名の問題児（どちらも11歳）に、おもしろい実験をしています。

調べてみると、先生が「鉛筆を置いて」「座って」など10のお願いをしたとき、ジェシカは20％、ネイサンは30％しか言うことを聞いてくれませんでした。

そこでハムレットは、先生に目を合わせるテクニックを伝授したのです。「ネイサン！」と

名前を呼び、２秒以内に目を合わせてくれなかったら、もう一度「ネイサン！」と名前を呼びかけ、きちんと目を合わせてから指示を出すようにしたのです。

このやり方を試してみると、ジェシカは60％、ネイサンは70％も言うことを聞いてくれるようになりました。**目を合わせるだけで、言うことを聞いてくれる割合は２倍もアップ**したのです。すごいですよね。

人にお願いをするのがうまい人は、このテクニックを無意識に実践しています。

たとえば、お願い上手な女性は、「○○さん、お願い！」と言いながら、上目づかいでじっと相手の目を見つめるのです。こういうお願いをされると、たいていの人は、素直に応じてしまうものです。その女性が、大変な美人で、魅力的だからではありません。目を見つめてお願いするから、相手も応じてくれるのです。

このテクニックは、女性だけでなく、もちろん、男性も利用できます。

ただ、女性は相手と目を合わせることにそれほどの抵抗を感じませんが、男性は相手の目を見つめるのが苦手な人が多いので、きちんと目を合わせないまま、お願いすることが圧倒的に多いのです。自然にできるようになるまでは、「目を合わせてからじゃないとダメだぞ」と自分に言い聞かせないと、男性はこのテクニックを実践できないことも覚えておいてください。

02 幸せになりたいのなら、だれでもいいので話しかけてみる

都会ではあまり見られませんが、田舎のほうに行くと、たまたま電車で隣り合ったおばあちゃんなどが気さくに話しかけてきたりします。道を歩いていても、「こんにちは」と親しげに挨拶をしてくれる人もいます。バス停で待っているときに、みかんを分けてくれる人などもいます。

都会の人は、面識のない人には基本的に話しかけたりはしないものですが、もしハッピーな人生を送りたいのなら、だれにでも気さくに話しかけるようにするといいですよ。

知らない人と、ほんのちょっと話をすることは、私たちを幸せにしてくれます。こんなに簡単にハッピーになれていいのだろうか、と思ってしまうほどの効果があるのです。

シカゴ大学のニコラス・エプリーは、イリノイ州にあるホームウッド駅を利用している通勤客97名（平均49歳）にお願いして、ある実験に参加してもらいました。

どんな実験かというと、半分の人には通勤途中に「知らない人に話しかけて、頑張っておしゃべりしてください」とお願いしたのです。残りの半分にはいつものように通勤してもらいました。

すると、勇気を出して話しかけた条件では、平均14・2分話すことができ、とても楽しく会話ができ、とても幸せで気持ちがよかった、と答えたのです。

人と話すと、たとえそれが知らない人であっても、私たちはハッピーになれるのです。

知らない人にも、遠慮などせず、どんどん話しかけてみてください。ほんの一言、二言でもかまいません。話しかければ、すぐに幸せな気持ちになれるのですから、どんどん話しかけるべきです。

スーパーやコンビニで買い物をしているとき、自分の好きなものを手にとっているお客がいたら、**「私も、そのお菓子、大好きなんですよ」**と声をかけましょう。むこうも笑って「私も好きなんです」などと返事をしてくれるでしょう。わずか一言の会話で立ち去るわけですが、お互いに悪い気はしないはずです。

公園を散歩しているとき、犬を連れて歩いている人がいたら、**「かわいいワンちゃんですね」**と、やはり一言だけ声をかけましょう。自分のペットをホメてもらって、うれしくない飼い主はいないので、たぶんにこやかに微笑んでくれます。

ハッピーになるコツは、こういうちょっとした会話をすることなのです。

だれでもかまいませんので、とにかく話しかけてみてください。最初はちょっぴり緊張するかもしれませんが、慣れてくればだれにでも話しかけることができるようになります。

03

寄付やボランティアを募るのに最適な場所は？

私たちは、自分でも気づかないうちに自分の置かれた状況の影響を受けます。**同じ人が同じことに直面したとしても、ある状況では冷たい態度をとることもありますし、また別の状況のときにはとても温かい態度をとる**ことがあるのです。

フランスにある、パリ・デカルト大学のルボマー・ラミーは、街の特徴によって、人の援助のしやすさが変わってくるのではないかと考えました。

たとえば、教会や病院、花屋さんのすぐ目の前だと、人は他人にやさしくなるのではないか、とラミーは仮説を立てたのです。

なぜかというと、そういう場所は「愛」を連想させる場所ですからね。気づかぬうちに親切な心を持つのではないかということをラミーは検証してみたのです。

どんな実験かというと、足を怪我しているように装った女性アシスタントが、病院や教会の前で、自分の持ち物を落とすのです。その場に居合わせた歩行者が、それを拾ってくれるかどうかを、こっそりと記録をとってみました。

すると、ラミーの仮説通りでした。

病院の前で持ち物を落としたときには91・6%の歩行者が、教会の前では、75・0%の歩行者が、花屋の前では87・5%の歩行者が拾うのを手伝ってくれたのです。

スタジアムの前や銀行の前、大通りなどでは、平均して68・7%しか手伝ってくれませんでした。

したがって、**街の特徴によって、人の親切の度合いはずいぶんと変わる**ことが明らかにされたといえるでしょう。

寄付やボランティアを募りたいのなら、病院や花屋さんの前がいいですね。

そういう場所では、**人は無自覚のうちに親切な態度をとる**ようになってくれますから。

この結果は、私たちの日常でも当てはまりそうです。

たとえば、献血。

献血の呼びかけは駅前でよく見かけますよね。たしかに駅前のほうが人はたくさんいるものの、そういう場所ではあまり親切な気持ちになりませんので、献血をお願いするのなら、花屋さんが近くにあるような場所のほうが好ましいかもしれません。

街を歩いている人にアンケートやマーケティング調査をお願いする場合も同じです。

そんなときにも、駅前や大通りのような場所よりは、病院や花屋さんの前のほうがいいですね。そのほうが、調査に応じてくれる人が増えるような気がします。

電話番号を尋ねた場所と成功率

場所	成功率
花屋の前	24.0% (48/200人)
ケーキ屋の前	15.5% (31/200人)
靴屋の前	11.5% (23/200人)

(出典：Guéguen, N., 2012 より)

そうそう、**女性をナンパするときにも、やはり花屋さんの前がいい**みたいですよ。

南ブルターニュ大学のニコラス・ゲガーンが、5名の男性アシスタントをいろいろな場所に出向かせ、18歳から25歳くらいに見える女性に声をかけて、「素敵な方ですね。電話番号を教えてもらえませんか?」とお願いしてみたところ、上の表のような結果になったそうです。

いろいろなお願いをするのに、花屋さんの前というのはまことに好都合であるといえますね。

04

長いお箸を使うと、食事がよりおいしくなる

毎日の食事を、素敵な時間に変えるテクニックをお教えしましょう。
どんなものを食べるにしても、ほんのちょっとしたコツを知っておくだけで、料理の味がものすごくおいしく感じられる方法があるのです。もちろん、お金はかかりません。高級な料理であればおいしいに決まっているでしょうが、ごくごく普通の家庭料理でさえ、「こうするとおいしくなるよ！」というコツがあるのです。

その方法とは、**できるだけ長いお箸を使って食べる**こと。

何かの調味料を加えるとかそういうことではなく、長いお箸で食事をすると、同じものでもおいしく感じられるのです。

台湾にある明新科技大学のフン・ミン・リンは、「お箸の長さって、味の評価に影響するのかなあ？」ということに疑問を持ちました。素朴な疑問ですが、他の科学者によって、これまでしっかりと検証されたことのないテーマでもありました。

そこでリンは、23センチの長いお箸と19センチの短いお箸を用意し、それぞれのお箸で80グラムの炊いたお米を試食して、そのおいしさを評価してもらう、という実験をしてみたのです。

お箸の長さとおいしさの評価

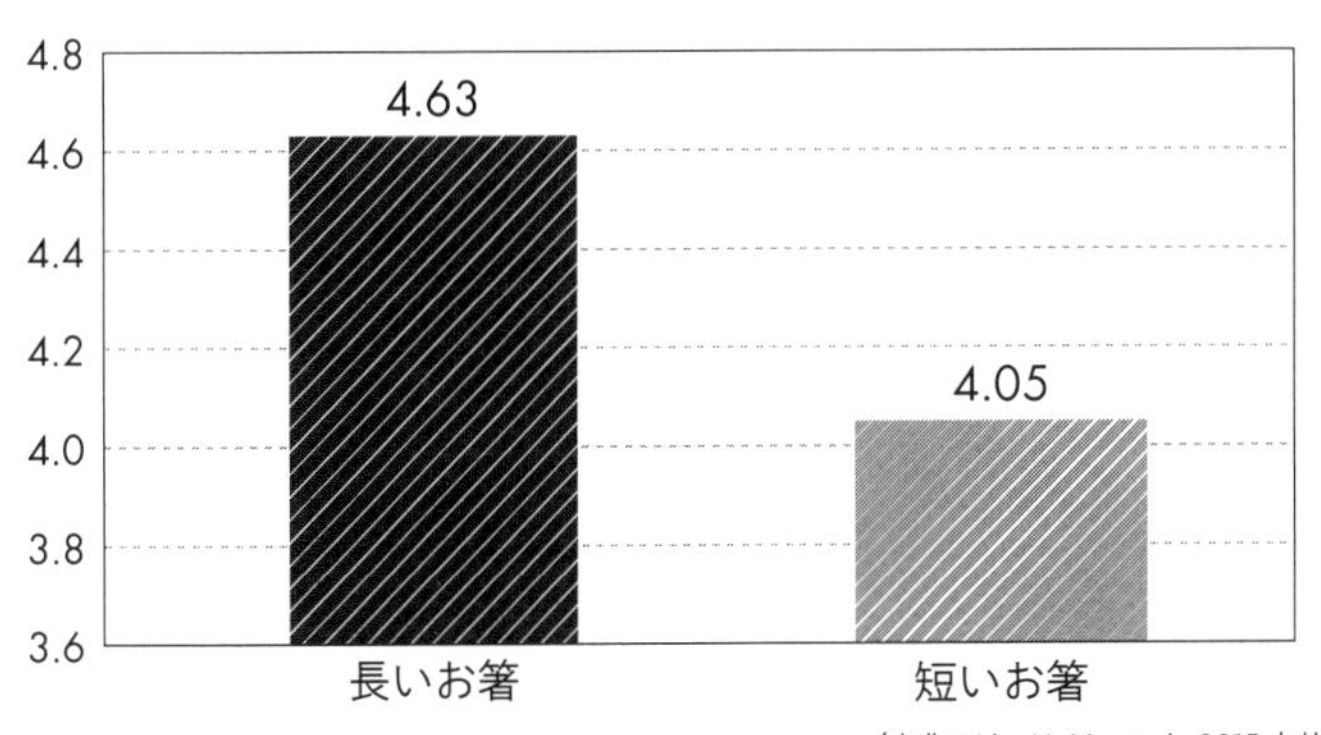

（出典：Lin, H. M., et al., 2015 より）

すると、上のグラフのような結果になりました。数値は5点に近いほど、「おいしい」と感じられたことを示します。

もちろん、長いお箸を使った条件だけ、高級なお米だったとか、高級な炊飯器で炊いたとか、そういうわけではありません。まったく同じ品質のお米です。それにもかかわらず、**長いお箸を使うと、お米がおいしく感じられました。**

なんとも不思議な現象ですが、食事をするときには、できるだけ長いお箸を使うようにするといいですね。それだけでおいしさがぐんと上がるのですから。

高級なお皿で食事をしたり、高級なグラスでお酒を飲んだりすると、味の評価も変わってくるという研究はありますが、実は、お箸の長さでも私たちの感じる味の評価は変わってくるのですね。

05 ダイエットを成功させるには、食器やスプーンの大きさを変える

これまで、いろいろなダイエット法が世間に紹介されては消えていきました。リンゴだけを食べる、糖質制限、有酸素運動の推奨など、まさに百花繚乱です。

それだけダイエットを成功させることが難しいという証拠でもあるのですが、心理学的にはどんなテクニックがあるのでしょうか。

心理学を使ったダイエット法は、他のダイエットとちょっと違い、食べ物にこだわったり、運動にこだわったりはしません。こだわるのは、食器のほう。

ダイエットをするのなら、まずはいつも使っている茶碗やお皿を小さなものにしましょう。スプーンも、なんでも小さなものに変えるのです。やることは以上。あとは、自然に体重が減っていくのを待つだけです。

「そんなことで効果があるのかな……」と思われるかもしれませんが、もちろん効果は抜群。それは次の実験で確認されました。

ペンシルバニア大学のアンドリュー・ゲイアーは、粒チョコレートをたっぷり入れたボウルを用意し、かたわらにスプーンを置いて、「好きなだけお召し上がりください」と掲示しました。

ただし、スプーンは2種類のサイズがあり、小さなスプーンと、その4倍の大きさのスプーンがありました。**すると、大きなスプーンで好きなだけ食べてもらったときには、粒チョコレートの減り具合が2倍になった**のです。

大きなスプーンや、大きなどんぶりで食事をすると、どうしても食べる量が増えてしまいます。その点、**小さな食器でなら、無意識のうちに食べる量を減らすことができる**のです。

ダイエット成功のコツは、できるだけ苦しまずに続けることですが、食器の大きさを変えるだけなら、そんなに苦しまずにすみます。もし現在、大きな食器を使っているのなら、いきなり小さな食器に変えるのではなく、数か月ごとに、ひとまわりずつ小さな食器に変えていくのもいいですね。

アメリカ人は、肥満に悩んでいます。統計では、なんと31・9%が「肥満」で、35・2%が「過体重」。「標準」は31・0%で、「やせ」はわずかに1・8%。なぜこんなに太っている人が多いのでしょうか。

その理由は、販売されている食品がものすごく大きいから。日本人がアメリカに行ってレストランで注文すると、その量やサイズの大きさに面食らうはずです。アメリカでは、すべてがビッグサイズなので、どうしても太ってしまうのです。

あまり苦しまずにダイエットしたいなら、まずは食器の大きさから変えてみましょう。

06 問題行動を改めたいなら、記録をとる

みなさんは、レコーディング・ダイエットという方法を聞いたことはありませんか。岡田斗司夫が、著書『いつまでもデブと思うなよ』（新潮社）で紹介したダイエット法です。

自分が食べたものを、ただ記録していくだけ（レコーディング）、というシンプルなダイエット法なのですが、意外に効果的だという話を聞きます。レコーディング・ダイエット用のアプリなども開発されています。

さて、この「記録をとる」という行動は、実をいうと、ダイエット以外の問題行動にも応用できます。もし、自分の行動に対して問題があると思っていて、「改めることができるのなら、これを改めたいな」というものがあれば、ぜひその行動の記録をとるようにしてみてください。

たとえば、喫煙行動。

タバコをやめたいと思うのなら、**タバコを口にくわえるたび、手帳などに「正」の文字などを書き込んでいき、1日に吸っているタバコの本数の記録をとる**ようにするのです。記録をとるようにすると、不思議なことなのですが、今日は38本、翌日は34本、3日目は29本……というう具合に、**問題行動が減少し始める**のです。

オハイオ州立大学のジェイソン・デュラは、過食性障害に悩んでいる男性に、レコーディングのテクニックを教え、問題行動を改善させることに成功しています。

デュラは、過食のあとに嘔吐をしてしまったら、嘔吐をした時間を正確に記録するように求めました。その男性は、平均して1日に4回の嘔吐をしていたのですが、記録をとるようになると、3回、2回と少しずつ数が減り、6か月後にはついにはゼロになりました。**記録をとるだけで、問題行動はゼロになった**のです。

「この行動を絶対にやめなければならない」と意気込む必要はありません。その行動をするたび、記録をとるだけでいいのです。いきなり問題行動を変えようとしても、どうせうまくできないでしょうから、**最初は軽い気持ちで記録をとるだけにするのがポイント**です。

「自分の行動を正確に把握するために、ただ記録をとっているだけ」だと思えば、行動を改めようというプレッシャーも感じずにすみます。ところが、気楽に記録をとっていると、ほんの少しだけ自分の行動に気をつけるようになり、それが問題行動の改善につながるのです。

レコーディングはいろいろな問題行動に応用できます。朝起きられない人は、起きた時間の記録をとるようにすれば、そのうち普通に起きられるようになるでしょうし、不摂生の人は、万歩計を持ち歩いて1日の歩数の記録をとるようにすると、けっこうたくさん歩くことを心がけるようになるものです。

07

ハッピーに過ごすには「畏敬体験」をする

人生を楽しく過ごしたいのなら、ぜひ**「畏敬体験」**をしてください。

畏敬体験という言葉は聞き慣れないと思いますが、**鳥肌が立つような、ちょっぴり恐れを抱くような、心が震えるような体験**のことです。

たとえば、信じられないくらい大きな滝を見に行ったり、満天の星空を見上げたりしたときに感じるのが畏敬体験です。

スタンフォード大学のメラニー・ルッドは、「エッフェル塔にのぼってパリを見下ろす」という畏敬体験をイメージさせてから、あるいは「普通の塔にのぼって平凡な風景を見る」という体験をイメージさせてから、各自の人生満足度を聞くと、前者のほうが人生満足度を高く評価するようになった、という報告を行っています。

畏敬体験をすると、私たちは、とてもハッピーな気持ちになれるのです。

「なんだか毎日がつまらない」

「私の人生は味気ない」

もしそんなふうに感じているのだとしたら、ぜひ畏敬体験をしてみましょう。

ものすごく大きな仏像とか、東京スカイツリーのような大きな建物とか、1000年以上の歴史のあるお寺とか、大きな橋とか、そういう場所を探して出かけてみるのです。

「おっ、これはすごいな！」と感じられるものであれば、なんでもかまいません。美術館や博物館もおススメです。そういう場所には、素晴らしい絵画や彫刻など、いろいろな作品がいくらでも展示されていますからね。絶対に、畏敬体験をできるはずです。

出かけるのが億劫なのであれば、テレビのドキュメンタリー番組でもいいかもしれません。どこまでも広がる砂漠や、光の届かない深海のような映像を見ていると、やはり心が震えると思います。

人によって、何に畏敬体験を感じるかは違うと思いますが、心を震わせて、感動できるというのは素晴らしいことです。そういう体験を月に1回くらいずつするようにすれば、人生が味気ないなどと感じることもなくなります。「生きているって、素晴らしい」と感謝できるようになります。

ヨーロッパのお城を見るとすごく興奮するとか、巨大な戦艦を見ると感激するとか、自分がどんな対象に畏敬体験をするのかを知っておくといいですよ。そういう写真や画像をスマートフォンに保存しておけば、自分の好きなときにいつでも感動できますからね。そういう楽しみをつくっておくことが、人生を楽しむコツです。

08 おびえるより、怒るほうがうまくいく

あなたが自分の実力に見合わないほど重要な仕事をまかされたとしましょう。年齢を無視した大抜擢なのですが、こういうとき、たいていの人は素直に喜ぶことができません。

「自分にうまくできるのだろうか?」

「失敗したら、どうしよう……」

そんなふうに考えて、おびえや恐怖のほうを強く感じてしまうのです。

こうしたケースにおいては、恐怖よりも「怒り」を出すようにするとうまくいくかもしれません。「チクショウ、こんな仕事に負けねえぞ!」「実力不相応でも、やっつけてやる!」と勇ましいことを考えるようにするのです。

怒りの感情は、リスクを感じにくくしてくれます。

恐怖に負けそうになったときには、できるだけ怒るようにしたほうがいいのです。

刃物を持って暴れている人がいたら、たいていの人は恐怖を感じると思うのですが、「ふざけたことをしやがって」と怒りを感じた人は、刃物をものともせずに勇敢に立ち向かっていくだろうと心理学的には予想できます。恐怖よりも怒りがまされば、リスクも感じなくなるのです。

カーネギーメロン大学のジェニファー・ラーナーは、アメリカ同時多発テロ事件（２００１年9月11日）が起きた直後の9月20日に、全米からランダムに選んだ９７３名（13歳から88歳）にお願いして、ある実験をしてみました。ある人には怒りを、またある人には恐怖について聞いてみたのです。

「テロリストは私たちにさまざまな感情を抱かせました。私たちは、特に、あなたを『怒らせた』ことに興味があります。できるだけ詳しくあなたの感じた『怒り』の感情を教えてください」

別の条件では、「怒らせたこと」の箇所が「恐怖を感じたこと」に、「怒り」の箇所が「恐怖」に置き換えられていました。

この操作がすんだところで、旅行で事故に巻き込まれるリスクや、自分が乗っている飛行機が墜落するリスクなどを見積もってもらうと、怒りの感情を思い出してもらったグループでは、あらゆるリスクを低く見積もりました。**怒りを感じると、リスクを感じにくくなった**わけです。

怖いと感じたときには、それを怒りの感情に置き換えるようにするといいかもしれません。そうすると恐怖を感じにくくなるからです。**スポーツでも、ビジネスでも、怖いと感じたときには、「チクショウ、負けねえぞ」を口に出してみてください。**意外に効果的だと思いますよ。

09 もうひとふんばりしたいときには、ののしり言葉を口にする

人間の心はとても弱いものですが、それでも歯を食いしばって頑張らなければならない状況はいくらでもあります。だれにでも、「今日中にどうしてもこれだけは終わらせておきたい」と思うことがあるのではないでしょうか。

心がくじけそうなとき、もうひとふんばりするコツを知っておくと、とても便利ですよね。「そんなに都合のいい方法があるのか」と思われるかもしれませんが、実はあるのですよ。ちょっと品のない方法なのでご紹介するのもはばかられるのですが、いざというときのお守り代わりに覚えておくとよいかもしれません。

その方法とは、**汚い言葉を口にする**のです。人をののしるときに使う言葉なので、「ののしり言葉」とも呼ばれています。アメリカの映画を見ていると、登場人物が口にする「ファック！」とか「シット！」という言葉がそれにあたります。日本語で言えば、「クソッ！」でしょうか。

先ほど怒りの言葉を口にすると恐怖に打ち勝つことができるとアドバイスをしましたが、**怒りの言葉は、人を我慢強くさせ、もうひとふんばりさせるときにも効果的な言葉**なのです。

過酷な実験に我慢できた時間

	男性	女性
ののしり言葉を言いながら我慢	190.63秒	120.29秒
ののしり言葉なし	146.71秒	83.28秒

（出典：Stephens, R., et al., 2009 より）

英国キール大学のリチャード・ステファンズは、しびれるような冷たさの水の入ったバケツにできるだけ手を突っ込んで我慢してもらうという過酷な実験をしてもらったことがあります（最大5分間）。限界だと思ったら手をバケツから出すのです。

ただし、その際、半分のグループには、ののしり言葉を口にしてもらいました。「クソッ、クソッ、クソォ〜！」という感じでしょうか。残りの半分のグループは、黙ったままで我慢できるまで耐えてもらいました。我慢できた時間を計測すると、上の表のようになりました。

汚い言葉を口にしていると、男性でも女性でも、我慢強くなることがわかりますね。

つらいことをするときには、どうも汚い言葉が効果的らしいです。重いものを運ばなければならないとか、つらい仕事をするときには、「クソォ〜！」と声に出すのがいいようですね。

ちょっと下品な方法ですが、〝こんな方法もある〟ことを知ってもらうためにご紹介しました。

10 暑い日には、あまり外をうろうろしない

太陽がジリジリと照りつける日には、だれでも、イライラ、ムシャクシャするものです。したがって、真夏の暑い日には、なるべく外に出ないのが賢明です。「君子、危うきに近寄らず」という古人の教えもありますよね。

暑い日にフラフラと外を歩いていると、おかしな人にからまれて、暴力事件に巻き込まれるかもしれません。車のドライバーもイライラし、乱暴な運転をするので、交通事故に巻き込まれる可能性も高くなります。

暑い日には、とにかく外に出ないこと。

フロリダ国際大学のエレン・コーンは、ミネアポリス警察の2年間の犯罪データ（銃やナイフを使った強盗や誘拐など）を3万6617件調べる一方、気象情報サービスで気温も調べました。その結果、**気温が高くなるほど犯罪が増える**ことがわかったのです。

また、デューク大学のリチャード・ラリックは、メジャーリーグの5万2293試合で、ピッチャーがデッドボールを当てる回数と気温の関係を調べてみましたが、**気温が高くなるほどピッチャーはデッドボールを当てる確率が高くなる**ことがわかりました。

メジャーリーグのピッチャーは、プロですよ。プロなのですから、当然、メンタルコントロールも訓練しているはずなのですが、そういうプロのピッチャーでさえ、気温が高いときにはイライラして、バッターにボールをぶつけやすくなるのです。

暑い日には、外に出ないほうがいいという私のアドバイスも理解していただけたでしょうか。

そうそう、**気温が高い年には、戦争や内戦なども起きやすい**というデータもあります。

コロンビア大学のソロモン・シャンは、１９５０年から２００４年までの気象データを用い、エルニーニョ現象（海面水温が高い）と、ラニーニャ現象（海面水温が低い）の発生と、政治的な混乱（内戦・内乱）の関係を調べてみました。

その結果、**エルニーニョ現象が発生している年には、ラニーニャ現象が起きた年に比べて政治的な混乱が2倍も起きる**ことがわかったそうです。

暑い年には、人の心は暴力的、攻撃的になりやすいので、それが政治的混乱の引き金になることもあるのですね。こういうときには、よほど注意していないと、おかしなことに巻き込まれてしまいますので要注意です。

第2章

人間関係の心理学

11 シャイな人は、オンラインで友人探し

面と向かって人と話をするのがとても苦手な人がいます。顔が赤くなってしまって、声が震え、言いたいこともうまく伝えられません。

ただしシャイな人も、人間関係それ自体が嫌いなわけではありません。

本当は、たくさんの友だちがほしいのです。いろいろな人とおしゃべりをしたいのです。ただ、性格的に引っ込み思案だったり、内向的だったりするので、うまくコミュニケーションができず、人間関係に積極的になれないのです。

では、シャイな人は一生、人間関係がうまくいかないまま暮らしていかなければならないのでしょうか。

いいえ、そんなことはありません。なぜなら、テクノロジーの進歩によって、シャイな人でも簡単に友だちづくりができるようになったからです。いやあ、テクノロジーの進歩というものは、まことにありがたいものですね。

シャイな人にとっての魔法の道具はインターネット。オンラインで友人をつくればいいのです。

オランダにあるアムステルダム大学のヨハン・ピーターによると、シャイな人は、人間関係の技術が不足していることが多いのですが、**オンラインだと自分をうまく出せるので友人もつくりやすい**のだそうです。

「でも、オンラインでやりとりしているだけでは、現実の人間関係から得られる喜びに比べると、喜びも薄いのでは？」

そんなふうに思う人がいるかもしれませんね。

けれども、この点についても問題ありません。

ニューヨーク大学のカトリン・マッケーナが、男性２３４名、女性３３３名（平均32歳）に調査を行ったところ、**オンラインで知り合った人は、63％は相手と電話もかけあう間柄になりますし、54％は対面でも会うようになる**のです。決して、オンラインだけで完結しているわけではありません。オンラインは、あくまでもきっかけなのです。

オンラインでの友だち探しには、おまけの効果もあります。**オンラインのほうが「本当の自分」を出しやすいので、深い関係を築くことができる**のです。マッケーナが追加で実験してみると、オンラインでやりとりしたほうが、対面でやりとりしたときより、お互いに好意を感じやすくなることもわかりました。

「オンラインでは、薄っぺらい関係しかできない」というのは、誤った思い込み。実際にはそんなことはありません。

オンラインでも、普通の人間関係以上の喜びは感じられますし、お互いに心を許し合ってから、電話をしたり、対面で会うようにしたりすればいいのです。そういう段階を踏めば、シャイな人でもそんなに緊張せずに友だちができるのではないかと思われます。

12 仲間であることを演出する

私たちは、自分とよく似た人や、自分の仲間のように感じる人のほうを手助けします。だれに対しても親切にふるまうという善人もいないことはないでしょうが、基本的には、相手を選んで援助や親切をするものです。

ですので、**人に助けてもらうコツは、とにかく相手との共通点や類似点をアピールして、「私はあなたの仲間なんだよ」ということを伝えること**です。

英国ランカスター大学のマーク・レヴィンは、サッカークラブのマンチェスター・ユナイテッドのサポーターを自認する男性35名に集まってもらい、サッカーについてのアンケートを実施しました。「どのチームのファンですか？」「年間にどれくらい試合を見に行きますか？」というアンケートなのですが、アンケート自体はどうでもいいものでした。

本当の実験はアンケート終了後に始まります。簡単なアンケートがすむと、「別の建物に移動してもらって、そこにある大きなスクリーンのある部屋で、サッカーの試合を見てもらう」という名目で、その建物まで移動してもらいました。

ただし、その建物に行く途中に、足をくじいて座っている人がいます。その人を助けるかど

足をくじいている人を助けるかどうかの測定

	足をくじいて座っている人の服装		
	マンチェスター・ユナイテッド	普通のシャツ	リバプールFC
助けた人	12人	4人	3人
助けない	1人	8人	7人

（出典：Levine,M., et al., 2005 より）

うかが本当の実験目的でした。なお、足をくじいて座っている人は、本当は足をくじいていません。彼は、あるときには実験参加者と同じマンチェスター・ユナイテッドのシャツを着ています。別の条件では、普通のシャツ、さらに別の条件では、ライバルのリバプールＦＣのシャツを着ていました。

実験参加者が足をくじいて座っている人の前を通るとき、「大丈夫ですか？」と声をかけたり、起きるのを助けたりするかを測定すると、上の表のような内訳になりました。

「あ、この人は自分と同じチームのファンだ」というときには、ほとんど１００％の人が助けてくれたことがわかりますね。違うシャツを着ていると、手助けしようという気持ちにはならないことも合わせてわかります。

人にお願いするときには、まず相手と自分がどれくらい近い仲間なのかをアピールしましょう。「私も〇〇さんと同じ出身地なんですよ」などとアピールすると、「よし、じゃあ、助けてやるよ！」と言ってくれる確率は高まります。

13 見た目をよくする

「見た目なんて関係ない、人間の価値は内面で決まるのだ！」

もし読者のみなさんが本気でそう考えているのなら、大間違いです。この世の中は、外見の魅力で決まるのです。見た目が悪ければ悪く評価され、冷たく扱われてもしかたありません。

コーネル大学のジャスティン・ガネルは、**魅力的でない人は、魅力的な人よりも22％も有罪とされる割合が高く、平均22か月も長い実刑を受ける**ことを明らかにしています。

裁判というものは、法律にのっとって、粛々と判決が下されるようなイメージがありますが、そんなことはありません。裁判官も人の子ですから、魅力的な人には甘い判決を下し、魅力的でない人には厳しい判決を下すのです。

「そんなの不公平じゃないか！」と思いますよね。そうなのです、世の中というものは、まことに不公平なのです。しかし、それが現実でもあります。

同じようなミスをしても、「まあまあ、次に頑張ればいいさ」と励ましてもらったり、「今回はうまくいかなかったけど、よく頑張ったよ」とねぎらいの言葉をかけてもらったりする人もいれば、「何やってんだよ、この野郎！」と怒鳴られたり、怒られたりする人もいます。

まったく同じミスをしても、そういう差が生まれます。ある人はえこひいきしてもらえるのに、別の人は厳しくののしられるのです。

こういう違いは、言うまでもありませんが、本人の見た目によって決まります。**見た目がよければ、何かとトクをする**ものなのです。不公平ですし、不平等ですし、不条理ではあるものの、それが現実なのですから受け入れるしかありません。

人生で苦労をしたくないのなら、できるだけ見た目にはこだわったほうがいいですよ。月に一度は必ず散髪をし、服装もできるだけ好印象を与えるものを身につけなければなりません。男性でも、メイクをしましょう。最近では、男性用のメイク用品も増えていますので、ある程度はメイクの勉強も必要です。

生まれつきの顔だちがどうというより、見た目を磨く努力をしている人と、そういう努力をしていない人とでは、やはり雲泥の差がつくものです。

見た目なんてどうでもいいと考えていると、いろいろな場面でソンをすることになりますよ。仕事もうまくいきませんし、恋愛もうまくいきませんし、友だちもできませんし、踏んだり蹴ったりの人生を歩むことになります。

内面を磨いても、その変化はなかなか伝わりませんが、見た目を変えれば、明らかに相手の対応は変わります。絶対にムダにならない努力ですので、ぜひ見た目にはこだわってください。

14 人付き合いの技術を磨きたいなら、チェスを学ぶ

人間関係で問題を起こさず、だれとでもソツなく付き合える人には、みなある共通点があります。その共通点とは、「思いやり」。

人間関係がうまい人は、自分の立場ではなく、相手の立場から物事を考えます。相手がどう思うのか、どう感じるのかということを基準に行動するので、摩擦や衝突を起こさずにすむのです。自分の気持ちよりも、他人の気持ちを優先する人ともいえます。

逆に、人に嫌われやすい人は、自己中心的な人です。いつでも自分本位の考えをするので、相手に煙たがられるのです。

というわけで、**相手の立場で物事を見るような訓練をすれば、だれでも人間関係で問題を起こさなくなる**わけですが、それにはいったいどんなトレーニングをすればいいのでしょうか。高額なセミナーやグループワークなどに参加して、人付き合いの技術を学ばなければならないのでしょうか。

いえいえ、もっと手軽な方法があるので、それをご紹介しましょう。

そのトレーニングとは、チェス。チェスを学べばいいのです。

トルコのアダナにあるチュクロバ大学のアイペリ・シガートマックは、小さな子どもに毎週2時間の**チェスの訓練をさせると、相手の立場で物事を考える能力が高まる**ことを明らかにしました。

チェスで勝つためには、「相手はどんな手を打ってくるか」を予想しなければなりませんので、チェスをやっていれば、自然と相手の立場からものを見る力が磨かれていくようなのです。

シガートマックの実験では、チェスの効果が調べられましたが、将棋でも、囲碁でも、同じような効果が期待できるかもしれません。将棋や囲碁も、相手の立場で考えるという点では、チェスと同じですからね。

子どもは、どうしてもワガママですし、自己中心的な見方しかできないのですが、それでもチェスを学べば、「人の気持ち」がわかるようになるのです。もし読者のみなさんの子どもがワガママで困っているというのなら、将棋や囲碁を習わせるようにするのもいいでしょうね。

相手の立場で物事を考える力は、何歳になっても役に立ちます。

人間関係での衝突が多く、いろいろと苦労をしている人は、ご自宅の近所に碁会所や将棋サロンなどがないかを調べてみて、そういうところに週に1回でもいいので通うようにするといいかもしれません。相手の立場で考えるクセがつけば、自分本位でワガママなところが抑制できるようになり、人間関係もうまくできるようになりますよ。

15 「みんなそうしています」というアピール

日本人は、同調性が強い国民だといわれています。他の人たちがやっていると、自分1人だけが違うことをやりたくとも、できません。周囲の人たちに合わせないと、落ち着かない気持ちになるからです。

数年前、コロナウイルスが世界中で猛威を振るいました。どの国も、感染を抑え込むために「マスクを着用してください！」と訴えたのですが、従ってくれない人もたくさんいたようです。

ところが日本人はというと、ほぼ100％の人が、おとなしくマスク着用を受け入れました。理由は、「他の人もしているから」。他の人がやっているのに、自分だけが従うのを拒否する、ということは、日本人にはなかなかできません。

人を動かすときには、「他の人もやっていますよ」とアピールするのは、とてもいい作戦です。

この作戦は、私は同調性の高い日本人にだけ効果的なのかと思っていたのですが、どうもそうでもなく、アメリカ人にも有効らしいですね。

アーカンソー大学のジェシカ・ノーランは、「省エネのために、不要な電気を消してください」とごく普通のやり方でアピールしても、そんなに省エネの協力をしてくれないのに、「あなたの地区では、住民の99%の方に省エネにご協力いただいております」とアピールすると、多くの人がそれに従ってくれた、という報告をしています。

どんなにおかしなルールでも、多くの人が従ってくれるのなら、そのルールは効果を持つでしょう。

「こんなルールには従いたくないよ」というのがホンネでも、**他の人が従っているのを見れば、「まあ、しかたないか……」と受け入れざるを得ないような心理になってしまう**のです。

そういえば、もう何十年も前の話になりますが、私の通っていた中学校には、「男子学生は丸刈り」という校則がありました。思春期の男の子は、いろいろな髪型に興味を持つものですが、坊主頭しか認めていなかったのです。私も本当にイヤだったのですが、他の男子学生も坊主頭でしたから、なんとなくそれを受け入れていました。

うれしいことがあれば、ガッツポーズをしたり、「飛び上がって叫んだりするのは、ごくごく普通の反応だと思うのですが、高校野球では、ガッツポーズが禁止されています。なぜかというと、相手の選手に失礼だから。「おかしな美学だな」と思うのですが、球児たちは、みなこのルールに従って、うれしいときでも控えめにしか喜ばないようにしています。不思議ですね。

16 だれとでも軽く世間話をしておく

セールスをするときには、いきなり商品の説明などをするよりは、セールスとはまったく関係のない世間話をするのがポイントです。なぜ世間話をするのかというと、**世間話をしておけば、「セールスマンとお客」という関係でなく、「親しい知人」といった雰囲気が生まれるので、相手も承諾しやすくなる**からです。

ポーランドにあるオポーレ大学のダリウス・ドリンスキは、「ちょっとした世間話」によって、その後の説得効果に大きな差が見られることを実験的に突き止めています。

ドリンスキは、女性のアシスタントを街中に送り込み、1人で歩いている人に声をかけさせ、「薬用のど飴を買ってくれませんか?」とお願いさせました。

このとき、軽い世間話をする条件と、いきなりのど飴を買ってほしいと言う条件で比較したところ、世間話をしたときには50人中11人が買ってくれたのに対して、いきなりお願いしたときには50人中3人しか応じてくれないという結果が出ました。世間話は有効だったのです。

ドリンスキは、「2月の平均気温をご存知ですか?」や「天気が人の健康に影響すると思いますか?」など、セリフをあれこれと変えながら実験したのですが、どんなセリフであっても、

ちょっぴり世間話をしておくと、その後の承諾率はアップすることが明らかにされました。

「私は、セールスの仕事に携わっていないから、このテクニックは使うこともないだろう」と思う人がいるかもしれませんが、そんなこともないですよ。

どんな仕事をしているにしろ、**人に会ったときには、とりあえず何か世間話をしておくべきです。そうすれば、相手ともっと仲良くなれますし、仕事もうまくいきます**から。

私は、編集者と本の企画について打ち合わせをするとき、雑談ばかりしています。全体の8割から9割は、ほぼ雑談。肝心の打ち合わせなど、ほとんどしません。そうすることで、編集者と心を通じ合わせているのです。

社内の人としかやりとりをしない人も、社内の人とできるだけ世間話をしましょう。通路やトイレですれ違うたび、一言、二言、世間話をしておくのです。そうしておくと、いざ相手に頼み事をするとき、「ああ、いいよ」と快く引き受けてもらえる確率がアップします。

ご近所さんとも同様です。ほんの一言でかまいません。世間話が苦手なら、元気に「こんにちは～」と挨拶するだけでもいいですよ。普段から、そうやってコミュニケーションをとっておくと、いざ困ったときには、ご近所さんたちもみなさんのことを助けてくれます。

世間話が苦手という人もいると思うのですが、そういう人こそ世間話をしてください。世間話は技術ですから、やればやるほど人と話すのに慣れますし、うまくなっていきますから。

17

相手の言葉を真に受けない

人はウソをつきます。

ですから、相手の言葉を真に受けてはいけません。いつでも多少は用心するということはとても重要です。

たとえば、「今日は、無礼講だ！」と社長や部長あたりが言ったとしても、本当にハメをはずしてよいものでしょうか。いいえ、それは間違いです。たとえ「無礼講」と言われても、いつも以上に気をつけて飲みましょう。あとで何を言われるか、何をされるかわかったものではありませんからね。

カナダにあるトロント大学のソニア・カンは、たとえ経営者が、「わが社は、多様性に価値を置いている」と公表しているとしても、年齢や人種や出身地などは隠して履歴書を提出したほうがいい、と指摘しています。なぜなら、カンが調査したところ、「多様性は大歓迎」という企業も、実際には大歓迎などしておらず、差別していることが明らかにされているからです。

人間はこういうウソを平気でつくものです。**きれいごとのようなものは、あくまでもオモテの顔であって、ウラの顔は違う**のだということをきちんと認識しておく必要があるのです。

もうひとつ別の研究もご紹介しておきましょう。

ペンシルバニア大学のジェニファー・ミューラーは、航空会社の経営幹部になったつもりで、もっと利益を上げるにはどうすればいいのかを話し合う、という実験をしてみたことがあります。

その際、参加者の半数には「できるだけクリエイティブなアイデアを出すように」と指示しました。残りの半数には、「あまり奇抜でないアイデアを」と指示しておきました。

話し合いが終わったところで、メンバーについての評価を求めると、**クリエイティブなアイデアを出した人たち（乗客同士でギャンブルできるようにしたら、楽しいんじゃないか、のような）は、無難なアイデアを出した人たち（機内食を有料にしよう、など）に比べると悪く評価される**ことがわかりました。

会議においては、トップの人たちは「クリエイティブなアイデアを出してくれ」とはっぱをかけたとしても、それでも無難な意見を述べておくのが正解です。トップの言葉を真に受けて、本当にクリエイティブなアイデアなどを出すと、「こいつはふざけている」などと悪く評価されてしまうので気をつけてください。

18

善意を公表する

人から善意を引き出したいときには、「この人はこんなにいいことをしてくれたんだよ」ということを周囲の人たちにもよくわかるように公表してください。そのほうがさらに大きな善意を引き出すことができるでしょう。

オランダ・フローニンゲン大学のエイドリアン・ソーテヴェントは、オランダ国内の30の教会において、29週間にわたってある実験をしました。

どんな実験かというと、参列者に募金を募るとき、あるときには中身が見られないようにチャックで閉じられた募金袋を回し、別のときには、どれくらいのお金が集まっているのかが丸見えの募金かごを回したのです。募金袋を回すのか、それとも募金かごを回すのかは、同じ教会でも週によって変えました。

すると、中身が見えない募金袋より、丸見えの募金かごのときのほうが、集まったお金の合計は10％も多かったのです。**自分が善意の行為（募金）をしていることが、他の人にもわかるときには、人は大きな善意をする**ことがわかりますね。

もうひとつ別の研究もあります。

米国ジョンズ・ホプキンス大学のA・キャメロンは、アメリカの臓器提供者の増加についての研究を報告しています。アメリカでは、どんなにキャンペーンを行っても、臓器提供のドナー登録者は増えません。日本でも事情は同じで、「臓器提供はよいこと」だとわかっていても、それでもドナー登録者はそんなにいないのです。

ところが、2012年5月1日、いきなり1万3054名のドナーの新規登録がありました。その前の新規登録は1日600人程度でしたから、なんと20倍以上です。

では、その日にいったい何が起きたのでしょうか。実は、フェイスブックがプラットフォームを変更して、自分のプロフィールに「臓器提供者」かどうかを他の人にも見せられるようにしたのです。つまり、**自分が善人であることを他の人にわかってもらえるようにしたら、いきなり登録者が増えた**のです。

キャメロンが調べたところ、新規登録者の増加はその日だけではなく、その後12日間にわたって高いまま維持されたそうです。

よいことをするにしても他の人にわかってもらえないと、私たちは「わかってもらえないなら、やらなくてもいいか」と考えがちです。ですから、善意は公表したほうがいいのです。

募金などは、匿名でこっそりとやるのが本当はよいのかもしれませんが、人の心理というものを考えた場合には、どんどん公表するようにするのが正解だといえるでしょう。

SUZUKI

19 とにかく何も考えずに普通に頼んでみる

人にお願いをするときには、あれこれと考えず、ごくごく普通に「お願いできませんか?」と頼んでみるといいですよ。

本書は、心理テクニックの本ですが、テクニックなど必要ありません（笑）。とにかく普通に頼んでみてください。拍子抜けするくらい、「いいですよ」と言ってもらえることはよくあることだからです。

アメリカ歴代10位にランクする生涯資産4・1兆円という巨額の富を築いた人物にマーシャル・フィールドという実業家がいます。そのお母さんが、シカゴ大学に100万ドルをぽんと寄付したことがありました。

同じシカゴにあるノースウェスタン大学の理事会で、これが問題になりました。「なぜ、うちの大学には寄付をいただけなかったのだろう?」と。理事会では、「大学のカリキュラムに魅力がないからではないか?」などとさんざん話し合いがなされましたが、結論は出ません。

そこで理事の1人がフィールド夫人に連絡をとり、「どうして寄付していただけなかったのでしょうか?」とおずおずと尋ねました。すると夫人の答えはごく単純なもので、「あら、ノースウェスタン大学からは、寄付してほしいとお願いされませんでしたから」だったのです。**あれこれ考えず、ただ普通にお願いすればそれでよかった**のです。これは特殊なケースではありません。現実には、こういうことはよくあります。

コロンビア大学のフランシス・フリンは、「知らない人に10分かかるアンケートをお願いするとして、5人のノルマを達成するためには、何人に声をかけなければならないと思いますか？」と学生に尋ねて、推測させました。すると、平均20・5人という答えが返ってきました。けれども、実際には平均10・5人に声をかけたところでノルマを達成できたのです。

次にフリンは、第2実験をしました。今度は、「3人のノルマで、他人の携帯電話を借りるのに、何人に声をかけなければならないか？」を推測させてみたのです。すると、平均して10・1人と見積もったのですが、実際にはわずか6・2人でノルマを達成できました。

さらにフリンは第3実験として、「ものすごく離れた場所にあるキャンパス施設まで、道案内してもらってほしい。ノルマは1人」というお願いをした場合で推測してもらうと、平均7・2人という答えでしたが、実際には2・3人でクリアできました。

結局、**私たちは、他人の善意をものすごく低く見積もる傾向がある**のです。

悪魔のような人はそんなにいません。ごくごく普通にお願いすれば、たいてい「いいですよ」と言ってもらえるものなのです。そういう現実があることも知っておくといいですよ。

20 噂話で人を動かす

同僚の1人が、どうも会社の経費で飲み食いをしているように感じているとします。あるいは、後輩が勤務時間中に、喫茶店でサボっているように感じているとします。こういう行動をやめさせるには、どうすればいいのでしょうか。

面と向かって問題行動を指摘するのは、あまりよい作戦ではありません。なぜなら、人間には「メンツ」というものがあるので、それを潰すようなことをしたら、恨まれるに決まっているからです。

こういうときには、**「ゴシップ法」**と呼ばれるテクニックを使いましょう。**「だれかに聞いた話」として、やんわりと相手のしている行動が問題であることを本人に気づいてもらう**のです。これならば、相手のメンツを潰すことはありません。

「うちの会社ってさ、私的な飲み食いをしているのがバレたら、即刻クビだっていう話だぜ」

「数年前、勤務時間中にパチンコをしているのが見つかって、即日解雇された人がいるみたいだよ」

このように世間話を装って、教えてあげるのがゴシップ法です。

相手も、そんなことになるのなら気をつけなければならないなと悟ってくれるでしょうし、行動を改めてくれます。**あくまでも他の人の話として聞かせるのがポイント**です。そのほうが相手も受け入れやすくなるからです。

カリフォルニア大学のマシュー・フェインバーグは、「Aさんは嫌われている」というゴシップを聞かせると、それを聞いた人たちは、「危ない、危ない、それならAさんのような行動をとらないようにしよう」と気をつけるようになると指摘しています。**ゴシップには、人の行動を抑制させる効果がある**のです。

夫や妻が、どうも浮気をしているように感じるのなら、「芸能人のだれそれが離婚をして、慰謝料〇〇〇万円だって。人生がぐちゃぐちゃになっちゃうよね〜」とゴシップを聞かせるようにしましょう。もし本当に浮気をしているなら、そんなことにならないように浮気をやめてくれるでしょう。

近所で犬を飼っている人が、散歩の途中に犬のウンチを片づけてくれないことに腹が立っているのだとしたら、「うちの町では、犬のウンチを拾わないことって、条例違反で罰則もあるんですってね。マナー違反というより、条例違反になるなんて知らなかった。私もペットを飼うときには気をつけないと……」といった世間話をしてみてください。相手も少しは行動を改めてくれるかもしれませんよ。

21 嫌いな人にこそ、あえて近づく

私たちは、苦手な人にはなるべく近づかないようにするものです。嫌いな人のことは徹底的に避けようとするのですね。

ですが、嫌いな人だからといっていつまでも逃げ回っていては、いつまでも嫌いなまま。したがって、最善の作戦は、「えいっ！」と勇気を出して話しかけるようにするのです。

もちろん、最初は嫌悪感も消えませんが、それでも頑張ってくり返し話しかけているうちに、「あれっ、以前ほど嫌いでなくなったかも？」という状態になるはずです。嫌いな人でも慣れてきてしまうのですね。

食べ物もそうです。だれにでも「食わず嫌い」の食べ物があると思うのですが、勇気を振り絞って頑張って口にしていると、そのうち普通に食べられるようになるものです。さらに続けて食べていると、意外においしいとさえ感じるようになります。

人間も同じなのです。**何度もしゃべっていれば、相手に対する嫌悪感はどんどん薄れていく**のです。

ダブリン大学のメリッサ・ペスキンは、「慣れが魅力を生み出す」という仮説を検証しています。人物評価の実験という名目で、いろいろな女性の顔写真を評価してもらうのですが、1回しか出てこない写真もあれば、6回も出てくる写真もありました。

すると、**写真をくり返し見せられるほど、その人の魅力を高く評価する**ようになることがわかりました。1回目に見せられたときには、そんなに魅力も感じませんが、2回、3回と同じ顔を見せられていると、なぜか魅力を感じるようになってくるのです。慣れというものはすごい力を持っているのですね。

もうひとつ別の研究をご紹介しましょう。

米国バージニア・コモンウェルス大学のナタリー・シュックは、大学寮でのルームメイトの調査を行っています。特に、シュックは、白人と黒人が同室になる組み合わせを調べてみました。調査したのは、学期が始まって2週間目と、最後の2週間目です。

調べてみると、白人と黒人のルームメイトでは、お互いに人種が違うということもあって最初はあまり好意を感じていませんでした。ところが半年も経つと、お互いに好意を感じるようになっていたのです。

「なんだ、しゃべってみると意外にいいヤツじゃないか」と気づかされることはよくあります。嫌いな人がいても避けるのではなく、むしろ自分からどんどん近づいていきましょう。そのほうが嫌悪感もなくなり、人間関係の幅も広がりますよ。

22 気が弱くて悩んでいるのなら、黒い服を着る

自分の言いたいことをきちんと相手に伝えることが苦手だったり、交渉のときにもう一押ししたいと思っても、なかなか強気に出られないことに悩んでいる人がいるとしましょう。

気の弱さは生まれつきのものなので、私たちにはどうすることもできないのでしょうか。

いやいや、そんなことはありません。もし気が弱くて困っているのなら、まずはお近くのアパレルショップに出かけてください。やることはひとつ。**全身、黒で統一した洋服を買う**のです。ジャケット、シャツ、パンツ、靴まで、すべて黒。明日からは、その服を着てください。

さすがに上から下まで黒には抵抗があるというのなら、シャツだけは青にするとか、ネクタイだけは違う色にしてもかまいません。ただし、全体の8割くらいは黒にしてください。

なぜ黒なのでしょうか。

それは、**黒が「強さ」にかかわる色**だから。

黒い洋服を着ていると、だれでも自分が強くなったように感じて、堂々とした振る舞いができるようになるのです。

私たちに力強さを与えてくれるような色のことを、**「パワーカラー」**と呼びます。よく知ら

れたパワーカラーは「赤」なのですが、芸能人でもない私たちがさすがに全身赤色の服を着るわけにはいきませんので、次点の色としては、黒がふさわしいのです。

黒い服を着ていれば、性格的にオドオドしている人でも、強気になれます。

コーネル大学のマーク・フランクは、ナショナル・フットボール・リーグ（NFL）と、ナショナル・ホッケー・リーグ（NHL）の、15年分のチームの反則記録と、ユニフォームカラーとの関連性を調べてみました。

その結果、NFLにしてもNHLにしても、黒のユニフォームカラーのチームほどたくさん反則をしていることがわかりました。黒い恰好をしていると、人は知らないうちに攻撃的になるという証拠です。

黒っぽい恰好をしていれば、なぜか強気な態度がとれるようになります。これはだれでもそうなるのです。ぜひ試してみてください。

あまり黒が好きではないという人は、普段は別の色の服でもまったくかまいません。けれども、大切な商談の日や、大切なプレゼンをしなければならない日など、特別な日には、必ず黒をメインカラーにしましょう。黒い服を着ていないと、心理的に委縮してしまって、強く出られませんからね。そういう日には、特別な「勝負服」がどうしても必要になるのであり、その勝負服とは、すなわち黒い服なのです。

23 知ったかぶりをしないように気をつける

私たちは、自分のことを知的な人間だと思い込んでいます。だれにでも、そういう傾向があります。だれでも、程度の差はあっても、勘違いしているのですね。

コーネル大学のスタブ・エイターは、オンラインで募集した人たちに、ファイナンスの知識を尋ねてみました。いろいろな用語を見せて、「かなり詳しく知っている」のなら7点を、「まったく知らない」のなら1点をつけてもらうのです。

質問する用語は全部で15個でしたが、そのうち12個は実際に存在するファイナンス用語でした。「税額控除」や「固定金利住宅ローン」などです。けれども、3個はまったく存在しないインチキ用語です。たとえば、「評価前株式」(pre-rated stock)や「年率換算クレジット」(annualized credit)など。それらしく聞こえますが、こんな用語はありません。

エイターが調べたかったのは、この3つのインチキな用語でさえ、「よく知っている」と答えるかどうか。もし「知っている」と答えるのなら、その人は自分の知識をかなり水増しして見積もっていることになります。

結果はというと、**なんと93%の人は、インチキな用語でさえ「少しは知っている」と答えた**

のです。エイターは、同じ調査をもう一度くり返してみたのですが、そのときにも91％の人は、インチキ用語を知っていると答えました。

この実験でもわかるように、私たちは自分の知識を誤解していると言わざるを得ません。本当はそんなに頭がいいわけでもないのに、頭がいいと思い込んでいる人が大勢いるのもそのためです。

けれども、人間関係においては、知ったかぶりをしないことが大切です。「なんでも知っている」という顔をしているのに、実はなんにも知らないということほど、恥をかくことはありませんからね。それに知的な人間を演じようとすると、周囲の人からは気取っているなどと悪く評価されることもあります。

むしろ、**多少知っていることでも、「知らない」という顔をして、「わかりませんので、教えください」と謙虚に頭を下げるくらいの人のほうが好感を持たれる**ものです。

経営の神様と呼ばれた松下幸之助さんは、たとえ知っていることでも、「わかりません、教えてください」と頭を下げることで有名でした。

日本には、「実るほど頭（こうべ）を垂れる稲穂かな」ということわざがあります。本当に頭がいい人は、自分が無知であることを素直に認めて、相手に頭を下げられる人なのです。そういう人のほうが人間関係においても問題は起こさないものです。

24

自分などにはもったいない人だと思う

人間関係での満足を高めるコツは、付き合う相手のことを現実以上に高く評価してあげることです。これを心理学では、**「ポジティブ・イリュージョン」（肯定的幻想）**と呼んでいます。

客観的には、そんなに魅力的でない人でも、いったん好きになれば「世界一素敵な人」に見えてくるものです。これがポジティブ・イリュージョン。そういう目で相手を見てあげるようにすると、相手もうれしいでしょうし、こちらも幸せになれるのです。

ミシガン大学のテリー・コンレイは、レズビアンのカップル784組、ゲイのカップル969組、異性愛者のカップル4287組、異性愛者でなおかつ同棲しているカップル645組に対し、「思いやり」「セクシー」など16の特徴について、自分の点数と、パートナーの点数をつけてもらいました。それから、相手との関係にどれだけ満足しているのかを聞きました。

すると、あらゆるカップルにおいて、**自分よりもパートナーに高い点数をつけた人ほど、関係への満足度が高い**ことがわかりました。

たとえば、「セクシー」という点について、自分は50点、パートナーは90点というように、自分を低く、パートナーを高く評価することが、満足の秘訣だということが明らかにされたのです。これはレズビアンの人でも、ゲイの人でも、異性愛者でも、みな同じでした。

お付き合いするときには、「自分のような人にはもったいない人だ」と思うようにすると、

お互いにハッピーになれるのです。

人を評価するときには、客観的になるのではなく、むしろポジティブな方向に歪んでいるくらいでちょうどいいのかもしれません。

恋愛以外の人間関係でも同じです。友だちについても、「自分などにはもったいないくらい素敵な人だ」と思っていたほうが、その友だちもうれしいでしょうし、社員についても、「私のような経営者にはもったいないくらいの人材ばかり」と思っていたほうが、社員もうれしくなるでしょう。子どももそうですね。「トンビからタカが生まれた」と思っていたほうが、子どももうれしいのではないでしょうか。

恋人をけなす人、社員をバカにする経営者、生徒をバカにする教師が、相手から好ましく思ってもらえるということは、およそ想像できません。私たちは、自分を軽んじて見下すような人のことは好きになれないものです。

人間関係でうまくやりたいのなら、いつでも相手に感謝することです。自分のような人間と付き合ってくれるなんて、なんてありがたいのだろう、と思っていたほうが、あらゆる人間関係はうまくいきます。

25 ホメないほうがいいこともある

人をホメるのは、基本的にはよいことです。

「基本的に」とわざわざ断ったのは、状況によっては、ホメないほうがよいこともあるからです。

カナダのマニトバ大学のケリー・メインによると、たとえば、お店で洋服を試着したとき、「よくお似合いですす」とホメられると、お客はうれしいと思うより、むしろ店員の誠実さを疑うのです。なぜなら、売上が伸びれば店員の利益になるので、お世辞を疑う動機があるからです。

お世辞を疑う動機を相手に感じさせてしまうようなときには、ホメないほうがいいのです。

ホメようとすると、むしろ相手に誠実さを疑われてしまいますからね。

「どうせお世辞でしょ」

「ホメていれば、私が喜ぶと思っているんでしょ」

そんなふうに裏読みをされそうなときには、安易にホメるのはやめておいたほうがいいかもしれません。

女性を口説こうとするとき、大げさにホメすぎると、下心を感じさせてしまうものです。「この人は、私とセックスしたいだけなのだな」と。ですから、ホメることが逆効果になることがあることも知っておいたほうがいいのです。

先ほど、ポジティブ・イリュージョンの話をしました。相手を高く評価してあげることがポジティブ・イリュージョン。このことと、「ホメないほうがいい」ということは、何やら矛盾しているように感じる人がいるかもしれませんが、決して矛盾していません。

ポジティブ・イリュージョンのほうは、〝本当に〟相手を高く評価しているのです。たとえば、「あなたは世界一カワイイ」と相手に言ってあげるとき、これはホメ言葉ではなく、本人は本気でそのように信じているのです。目もキラキラ輝いていますし、言葉には情熱がこもっています。そういうことは相手にもわかるので、高く評価してもらえてうれしいのです。

ところが、お世辞のようなホメ言葉には、まったく心がこもっていません。そういうことは、自分ではなかなか気づかないものですが、言われるほうはわかってしまうものです。

「人付き合いの極意」のような本、あるいは部下の管理法などの本を読むと、「人をホメてあげなさい」というアドバイスが載せられていますが、本気でホメてあげようという気持ちが持てない人は、むしろホメないほうがいいですよ。

心のこもっていないホメ言葉は、むしろ自分の誠実さを疑われてしまいます。

第3章

仕事術の心理学

26 マルチタスクをしない

いくつかの仕事をほぼ同時進行でこなすことを「マルチタスク」と呼びます。ビジネス誌などを読んでいると、「仕事ができる人ほどマルチタスクをやっている」ということらしいので、「なるほど、これは、私もマルチタスク人間を目指さなければならないな」と思う人も出てくるのではないでしょうか。

けれども、心理学的にいえば、このやり方は大間違い。

人間は、一度にひとつのことしかできません。いや、複数のこともできなくはないのですが、そうすると、それぞれの作業はすべて中途半端なものになります。作業の質が落ちるのです。

さらに、ひとつの仕事に完全には集中できなくなるので、時間もかかるようになります。**質が落ちて、時間もかかるのですから、「マルチタスクなんてしないほうがいい」というのが、心理学的には正しい**のです。

オランダ最古の大学である、ライデン大学のマリナ・プールは、160名の高校生に宿題を課し、条件によっていろいろなことを一緒にやってもらいながら（つまりマルチタスクさせながら）、宿題を終えてもらいました。そのとき、宿題を終わらせるのにかかった時間も計測し

宿題を終わらせるのにかかった時間

マルチタスク	かかった時間
メロドラマを見ながら	40.43分
音楽ビデオを見ながら	35.03分
ラジオを聴きながら	36.05分
何もしない	33.08分

（出典：Pool, M. M., et al., 2003 より）

てもらったのです。その結果は、上の表のようになりました。

「宿題以外のことはやらない」、つまり、**マルチタスクなどしないほうが宿題を片づけるまでの時間が短くなる**ことがわかりますよね。この実験では、解答の「質」のほうは測定されませんでしたが、マルチタスクをしないときのほうが、解答の誤りなども少ないはずです。

2つ、3つの作業を同時進行でこなしていくほうが、なんとなく「仕事ができる人」というイメージがあるのかもしれませんが、実際には、そういう人の仕事ぶりはそんなによくもないのではないかと私は疑っています。

仕事をするときには、目の前の仕事だけに集中し、それをきっちり片づけてから次の仕事、その仕事も終わったら、さらに次の仕事、というように、ひとつずつ片づけていくほうが絶対にいいのです。

27 プレゼンの説得力を上げるには、グラフィックを使う

まったく同じ結論を述べている論文でも、論文の中に画像が載せられているかどうかで、驚くほどに説得力は変わってきます。

コロラド州立大学のデビッド・マッケイブは、認知神経科学についての架空の論文をつくって、それを多くの人に読んでもらいました。ただし、マッケイブが作成した論文は2種類あり、ひとつは棒グラフが載せられているもの、もうひとつは脳画像が載せられていました。その他の点は、すべて同一です。

違いはただ棒グラフか脳画像かだけだったのですが、その論文を読んだ人たちは、**脳画像があるときに大きく説得される**ことがわかりました。

「百聞は一見に如かず」という言葉もありますが、私たちはグラフィックに弱いようです。

したがって、プレゼン用の資料をつくるときには、できるだけグラフィックを使いましょう。

「こんな商品ですよ」と文章で説明するよりも、もし商品のサンプルがあるのなら、その写真を撮って、それを載せておいたほうがプレゼンもうまくいくでしょう。

文字だけの資料や報告書をつくっても、あまり読んでもらえません。

「出せる」と思う金額

条件	
商品名のみを見せた場合	68セント
商品のイメージ写真がある場合	71セント
現物を見せた場合	113セント

（出典：Bushong, B., et al., 2010 より）

特に資料が厚かったりすると、それを見せるだけで、相手にはうんざりさせてしまいそうです。そうならないようには、**画像をたくさん載せるようにするのがポイント**になります。

飲食店のメニューも同様で、料理名だけが書かれたメニューでは、あまり心が動きません。ところが、料理のおいしそうな写真が載せられていると、「これ、食べてみようかな？」という気持ちになります。

カリフォルニア工科大学のベンジャミン・ブッションは、スニッカーズやポテトチップスなど80の商品について、参加者たちに3ドルを与えて「いくらなら出せるか？」と聞いてみました。すると、上の表のような結果になりました。

もし飲食店を経営するのなら、メニュー表にはできるだけ写真を載せましょう。そのほうが、絶対に売上を伸ばせるはずです。ただ写真をたくさん使えばいいだけの話なので、そんなに難しくもないでしょう。

28

会議の質を向上させる「悪魔の代弁者」

ただ頭数を集めて会議をしても、いいアイデアなどは生まれません。いいアイデアを出したり、質の高い決定をしたりするためには、ある〝やり方〟をする必要があるのです。

そのテクニックとは、**「悪魔の代弁者」を設ける**こと。

なんだか、おどろおどろしい名前のついたテクニックですが、やり方は簡単。会議をするときに、**あらかじめ何人かの人にお願いして、「あなたはわざと反対意見を述べる役になってください」とお願いしておく**のです。

だれかが意見を言ったとき、あえて異を唱える役目の人が、悪魔の代弁者。そういう人を設けておくと、**質の高い決定ができる**ようになるのです。

悪魔の代弁者は、もともとはカトリック教会に雇われた「列聖調査審問検事」のことを指します。彼らの役目は、候補者が聖者として本当にふさわしい人間なのかを判断するため、あえて厳しいことを言うことでした。

だいたい私たちには、お互いにぶつかり合うことを避けようとする性質があるので、ただなんとなく会議を始めると、よく考えもせずに「賛成!」「異議なし!」と安易に賛成してしまうことが多いのです。

だれかの意見に対し、そんなにいいアイデアではないな、いい方法ではないなと心のどこかで思っていても、「わざわざ波風を立てることもあるまい」と思って、自分の意見を言わずにすませてしまうことは、読者のみなさんも思い当たるのではないでしょうか。

悪魔の代弁者を設けるのは、そういう**安易な賛成を防ぐ**ことが目的です。

オランダ、アムステルダム大学のトム・ポストメスは、4人ずつのグループをつくらせ、大学の教職員としてふさわしい1人を4人の候補者から選び出す、という話し合いをさせてみたことがあります。

なお、話し合いにあたって、半分のグループには、「満場一致になるように」という条件をつけ、残りの半分には、「批判的に話し合うように」という条件をつけておきました。

その結果、候補者の中から正しい人物を選び出せる割合は、「満場一致」の条件では22％にすぎなかったのに、「批判的に話し合う」条件では67％と、大きく跳ね上がることがわかったのです。

反対する人がいたほうが、話し合いの質は向上するのです。

会議をする前には、「反対意見も大歓迎しよう！」ということを、参加者たちにあらかじめ徹底しておかなければなりません。「反対意見は、いくら言ってもよい」ということを了解しておかないと、なかなか言い出せませんからね。

あるいは、毎回、持ち回りで、悪魔の代弁者を担うのもいいですね。全員が、悪魔の代弁者をやることになっているのなら、不満や文句も出ないのではないかと思います。

「なんとなく会議」をやっている会社が多いと思いますが、なんとなく会議をしても、いいアイデアは絶対に出てきません。会議の質を高めるには、悪魔の代弁者を設ける必要があるのです。

29 好ましい情報から伝える

結局は同じ情報を伝えるにしても、最初はできるだけ好ましい情報から伝えたほうがよいですね。**最初からネガティブな情報を聞かされると、イヤな気持ちになってしまう**からです。

オーストラリアにあるメルボルン大学のブレント・コッカーは、オンラインでのホテルのレビューについての実験をしています。

コッカーは、ポジティブな内容のレビュー、ネガティブな内容のレビューという順番になっているものと、その順番を逆にして、ネガティブなレビューを先に、ポジティブな内容のレビューをあとにしたバージョンのものをつくって、評価を求めてみました。

すると、消費者は、**ポジティブな内容が先のレビューを読んだときに、「このホテルはいいホテルだ」と判断する**ことがわかりました。

レビューは順番がとても大切です。

最初に悪いレビューを読むと、私たちはどうしても悪い印象を持ってしまいます。そのあとに、いくら大絶賛しているレビューを読んでも、最初の悪い印象を打ち消すことはできません。

割合からいえば、ポジティブなレビューのほうが圧倒的にたくさんあったとしても、真っ先にネガティブなレビューがきていると、おそらくは悪く評価されるでしょう。ですから、ネガティブなレビューが一番にこないように気をつけなければならないのです。

最近は、どの業界でもオンラインでのレビューを気にするようになりました。消費者は、他の消費者の声を調べてから、購買決定をすることが多いからです。そのため、サクラを雇ってポジティブなレビューを書かせているところもある、という話を聞いたことがあります。

説得技法のひとつに、**「両面呈示」**と呼ばれるテクニックがあります。

ポジティブなことだけを伝えるより（これを「一面呈示」といいます）、ネガティブなことも含めて、両面を伝えるようにしたほうが、説得力は高まるわけですが、ネガティブなことを含めるといっても、そちらが先では失敗します。

両面呈示をするときには、その順番が重要で、**まずはポジティブなことから始めなければならない**のです。

八百屋さんでいえば、「徹底的に安さにこだわりました。ただし、不揃いのものや、虫食いのものがあるかもしれません」というアピールなら、お客も納得してくれるでしょう。ただし、ところがこの順番を逆にして、「不揃いや虫食いの野菜です。ただし、安いですよ」では、お客も購入をためらってしまうはずです。

人を説得したいなら、まずはできるだけ好ましいことからスタートすることが大切です。

30 できない人ほど、自分が劣っていることに気づかない

「過（あやま）つは人の常」という言葉があります。人間は誤りを犯すものだよ、という教えです。

人間なら、だれでも失敗をするものですし、「自分は間違えてしまった」という結果になって反省し、自己改善を目指そうとするものですが、それができない人もいるようです。

コーネル大学のデビッド・ダニングは、大学の試験を受けてもらってから、実際の得点で上位25％に入った学生と、下位25％に入った学生を分けました。

そして、それぞれの学生に、「あなたは何点くらいとれたと思いますか？」と自分の点数を予測させてみると、上位25％の学生は、ほぼ正確に自分の点数を言い当てることができました。

ところが、下位25％の学生はというと、試験は45点満点だったのですが、「33点から34点くらい」と自分の点数を予想していましたが、実際には25点でした。つまり、自分はかなりできたはず、と思い込んでいたのです。

ダニングは、この結果を受けて、**「できない人ほど、自分の頭がよくないこともわからない、という二重の問題を抱えている」**と指摘しています。

できる人は、自分の能力のことも、ある程度は正しく理解できます。

ところが、できない人は、自分のことなのに、正しく理解していません。本当は、できない人のほうが、自分の能力の欠如を正しく認識しておかなければならないはずなのに、現実は違うようです。

みなさんの職場にも、自分の能力を勘違いしている人がいるのではないでしょうか。

本当は仕事の能力が低いのに、「私はかなり優秀」と勘違いしている人は、どの職場にも必ずいるものです。

本当に仕事ができる人は、自分の能力を過大評価することはありません。むしろ、逆です。自分には足りないことのほうが多い、という謙虚な判断をするものです。大きなことばかり言っている人は、たいてい「仕事ができない人」です。

自己評価をするときには、できるだけ自分に厳しい目を向けたほうがいいですよ。そうすれば、おかしな勘違いをしなくてすみます。

できない人ほど、なぜか自分は「できる」と思い込みやすい傾向があるようですので、できない人は、自分の能力を割り引いて考えなければならないのです。しかし、残念なことに、できない人ほど、そういう判断が難しいのです。困ったことです。

うぬぼれた評価をするクセがある人は、「これでは、いかん!」と自分に言い聞かせるようにしましょう。謙虚にしたほうが、周囲の人たちから、陰で笑われずにすみます。

31 名前は長いほうがいい

日本人は、ミドルネームをつける習慣がないので、そんなに長ったらしい名前の人はいないのですが、ミドルネームについての研究によると、**ミドルネームが長くなればなるほど、好ましい印象を与える**ことがわかっています。

英国サウサンプトン大学のウィーナード・ファン・ティルバーグは、一般相対性理論についての簡単な文章を作成し、その文章を読んでもらって、その書き手についての評価を求めるという実験をしてみました。

ただし、条件によって、書き手のミドルネームの長さを少しずつ変えました。

「デビッド・クラーク」(ミドルネームなしの条件)
「デビッド・F・クラーク」(ミドルネームがひとつの条件)
「デビッド・F・P・クラーク」(ミドルネームが2つの条件)
「デビッド・F・P・R・クラーク」(ミドルネームが3つの条件)

文章を読んでもらってから、「あなたはこの文章にどれだけ同意できますか？」と尋ねたところ、ミドルネームなしの条件に比べ、**ミドルネームが増えるごとに同意してくれる人が増える**ことが明らかにされました。

この実験からすると、**名前は長いほうがいろいろとトクをする**、ということがいえそうです。

芸術家の中には、死んでから高く評価されるものの、存命中にはあまり評価されなかったり、貧しい生活を送っていたりする人もけっこう多いのですが、そんな中で、ピカソはめずらしいケースです。ピカソは若いうちから高い評価を受けましたし、成功した画家といってよいと思うのですが、そのピカソの本名はというと、これがものすごく長いのです。

ピカソの本名は、パブロ・ディエゴ・ホセ・フランシスコ・デ・パウラ・ホアン・ネポムセーノ・マリーア・デ・ロス・レメディオス・クリスピン・クリスピアーノ・デ・ラ・デンディシマ・トリニダード・ルイス・イ・ピカソというのです。ひょっとするとピカソが成功したのは、この長い名前のせいだったのかもしれませんね。

ちなみに、日本人の場合は、**「肩書」を長ったらしいものに変える**ことはできます。

たとえば、名刺をつくるときには、「ラーメン屋の店主」という肩書でなく、「アジアン・フード・ビジネス・コーディネーター＆アンバサダー」などと刷り込んでみるのはどうでしょうか。名刺をもらった人に与える印象はずいぶん変わってくると思いませんか。

32 仕事中には、スマホをしまっておく

仕事をするときには、スマホは、カバンの中や引き出しの中など、視界に入らないところにしまっておきましょう。

スマホを出していると、仕事の能率ががくんと落ちてしまいますからね。時間ばかりかかって、あまり作業がはかどらない人は、机の上など、視界に入るところにスマホを置いていることが原因です。

米国サザン・メイン大学のビル・ソーントンは、**机の上に携帯電話が置かれていると、それだけで作業が遅くなってしまう**ことを実験的に確認しています。

ソーントンは、数字がたくさん並んだリストを見せ、足し算すると決められた数字になるような2つの数字にチェックを入れていく、という作業をやらせました。

たとえば、次のような感じです。

「3」となる数字にチェック　　3 2 1 6 1 8 3 0 5

　この作業をやらせるとき、**携帯電話が机の上にあると、作業能率が落ちた**のです。理由はいうまでもなく、携帯電話のほうに気が向いて、集中力が落ちてしまうからです。

　自分では真面目に仕事に取り組んでいるつもりでも、気がつかないうちに集中力が乱されてしまう、ということはよくあります。そのひとつがスマホなのです。

「スマホ中毒」と呼べるくらいに、チラチラとスマホを見る人が増えているような印象を、私は持っています。私は、大学でも教えていますが、講義時間中にスマホを見ている学生がものすごく増えてきたように思うのです。しかも、本人はスマホをいじっていることに無自覚です。これでは、集中できるわけがありません。

　たとえ一瞬でも、スマホが目に入ると、ＳＮＳのことやアプリゲームのことなどが、どうしても頭に浮かんでしまいます。それが注意力を阻害するのです。視界に入らないところにスマホを置いておけば、そういうことは起きません。

　日本人の生産性は低い、といわれます。仕事をするのに、時間ばかりかかるということなのですが、時間がかかってしまうのは、本気で集中していないからでしょう。ダラダラと仕事をしているから、時間がかかってしまうのです。

　スマホをいじるのは、休憩時間。そう割り切って、仕事のときには、必要な書類やファイルだけを机の上に出して、スマホはしまっておきましょう。

33 予算を立てるときは、オーバーすることを見込んでおく

残念ながら、私たちは、そんなに頭がよくありません。将来の計画を立てるときには、たいてい見通しが甘すぎて、計画通りにはとてもいかないものです。

たいていの人は、計画がうまくいかなくなって初めて、「どうして、こんなことになっちゃったんだろう？」と頭を抱えて思い悩むわけです。

したがって、心理学的にアドバイスさせてもらうのなら、**計画を立てるときは、「絶対にそんなにうまくいかない」と思うべきですし、予算を立てるのなら、「100％オーバーする」ということを見越しておくこと**です。あらかじめ覚悟しておけば、いざうまくいかなかったとしても、「ほうら、やっぱりね」と受け入れることができます。

デンマークにあるオールボー大学のベント・フライバーグは、世界20か国のインフラ計画258件を分析したことがあります。

その結果、驚くべきことに、**調査した258件すべてで予算オーバーが見られた**のです。予算オーバー率、100％。100％というのも、すごい話です。

ただし、オーバーするにしても、北アメリカやヨーロッパの国々はまだマシなほうで、途上

国ではさらにひどいことがわかりました。また、一口にインフラといっても、道路の予算オーバーは20％とそれなりに健闘しているのに対して、橋やトンネルでの予算オーバーは34％、鉄道の予算オーバーは45％と、大きく予算オーバーすることがわかりました。

なお、フライバーグは、インフラ計画の予算オーバーを時系列的にも分析してみたのですが、この**70年間で予算オーバーはまったく減少していない**こともわかりました。つまり、反省も、学習もなされていないのです。

よく「人間は失敗から学ぶ」といわれますが、いやいや、失敗からもそんなに学んでいないという現実があるのです。

では、どうすればよいのかというと、簡単な話で、相当に「ゆとり」を持たせた予定を立てることです。予算にしろ、納期の日数にしろ、必要なスタッフの数にしろ、とにかく「そんなに膨らむわけがない」というくらいにゆとりを持たせればよいのです。

ちなみに私は、本の執筆依頼を受けるとき、自分では「3週間ほどで脱稿できるだろう」と思っても、依頼してきた編集者には、「たっぷり3か月はかかる」と答えるようにしています。そのほうが締切をオーバーして、相手に迷惑をかけることもありませんから。

だいたい仕事というものは、想定外のことがいくらでも起こりますから、ゆとりのある計画をしておいたほうがいいのです。

34 怒られるときは、できるだけ反省しているフリを

仕事にミスや失敗はつきものです。上司や先輩からお説教を受けることも、若いうちはままあるでしょう。

ただ、やたらとしつこく叱る人も中にはいます。こちらは反省していても、おかまいなしでいつまでも説教が続く場合は、困りますよね。

上司や先輩に怒られるときには、できるだけ神妙な顔をして、目を伏せて、ものすごく落ち込んだような顔をしてみせましょう。

しょんぼりしてみせればみせるほど、相手は短時間で怒りをおさめてくれます。

逆に、ふてくされた顔をしていると、相手の怒りがおさまらず、いつまでも怒り続けるでしょうから、演技でもいいので反省してみせたほうがいいのです。

米国インディアナ大学のデニス・デヴァインは、陪審員が何に基づいて評決を下しているかを45年間に及ぶ資料を調査してみたことがあります。

その結果、**有罪判決を下すうえで、もっとも大きな要因は、公判中の被告の態度。**

被告がふてぶてしい態度で、自分の犯した罪の重大さに無頓着だったり、端から見て「こい

つ、まったく反省していないな」という顔をしていたり、冷静すぎたりすると、死刑の判決が下される確率が高まることが過去のデータを精査して明らかになったのです。

ちなみに、この現象は、**「スコット・ピーターソン効果」**とも呼ばれています。

スコット・ピーターソンは、自分の妻と、お腹にいた妊娠8か月の子どもに対する殺人で死刑判決を受けた人物なのですが、公判中、目を覆いたくなるような証拠写真が提出されても、動揺もせず、涼しい顔をしていたそうです。

怒られるときのコツは、できるだけ反省してみせることです。

それこそ、今にも泣き出しそうな顔をして、自分の責任を痛いほどに感じているような演技ができるといいですね。そのほうが、相手もすぐに許してくれます。

もちろん反省すべきは反省する、それが人としての姿勢であることは、いうまでもありません。

お客や取引先にクレームをつけられたときも同じです。

実際に自分が直接的に迷惑をかけたわけではないにしろ、同じ会社の人間が迷惑をかけたことは事実なのですし、「私は無関係なのに……」という顔をせず、「本当にすみません」と平謝りするのが正解です。

35 いろいろなご褒美でモチベーションを上げる

みなさんが会社のオーナーだとして、社員のモチベーションを上げるとしたら、どんな作戦をとるでしょうか。

たいていの人は「お金」や「ボーナス」などをすぐに思いつくと思います。お金をもらって困る人はいませんし、お金はたしかにモチベーションアップの効果があるからです。

といっても、そんなに潤沢なお金がないときにはどうすればいいのでしょう。このときには、そんなにたいしたご褒美は用意できません。

このような条件のときには、心理学的にいうと、**1つひとつのご褒美はたいしたことがなくともよいので、とにかくご褒美の種類を増やす**のがおススメです。頑張った社員には、その中から好きなものをひとつだけ選んでもらうようにするのです。

ご褒美は、ひとつに決まっているよりも、複数から選べたほうがモチベーションは高まります。十分なボーナスが用意できないときには、とにかくご褒美の種類を増やしてみましょう。

南カリフォルニア大学のスコット・ウィルタームスは、テキストを書き写すという単調な作業を20分間やってくれたらご褒美をあげる、という実験をしてみました。このとき、ご褒美がひとつだけの条件と、ホットココア、ペン、電卓などから自由にひとつ選んでもらう条件を設けました。なお、作業を始めて20分経たなくとも、飽きたらやめてもいいことになっていました。ただし、やめてしまったらご褒美はもらえません。

その結果、ご褒美がひとつしかないときには、9・7％の人しか20分の作業を完遂できませんでした。ところがご褒美が複数あるときには、34・4％の人が単調な作業を最後までやってくれたのです。

そんなに素晴らしいご褒美でなくとも、複数のご褒美から選べるときには、モチベーションは上がるのです。「自分で選べる」ということが、ゲームの景品のように感じておもしろいのかもしれません。

私が会社のオーナーなら、1か月のノルマを達成できた社員には、たとえば「1万円の特別な賞与」でもいいのですが、お金以外のもの、たとえば、ぬいぐるみやら、ドライヤーやら、腕時計やら、1日分の有給休暇やら、いろいろなものから選んでもらうようにするでしょうね。そのほうが社員もおもしろがって頑張ってくれると思うからです。

私がよく通っている釣り堀では、釣った魚のポイントを貯めると、マウンテンバイクやら、携帯用ゲーム機やら、釣り竿やら、いろいろな景品と交換できるようになっています。景品がたくさんあると、それだけお店に通おうというモチベーションが高まるのですよね。

36 生産性を上げたいのなら、テンションの高い職場づくりを

「どうもうちの職場には活気がない」

「うちの職場は、いつもお通夜のようだ」

「社員にやる気がまったく感じられない」

もしそんなふうに悩んでいるのなら、**社員同士の触れ合いを増やす**ように指導するといいですよ。外回りから帰ってきた人がいたら、全員が立ち上がって、「お疲れさ〜ん！」と明るい声で迎えて、グータッチをしたり、ハイタッチをしたりするのです。

いい年齢の大人がそんな子どもじみたことをするなんて、なんだか恥ずかしいと思いますか。でも、スポーツ選手は、みなそれをやっていますよ。得点を挙げるたび、チームメイトたちがお互いに触れ合いコミュニケーションをしているではないですか。

特に激しいのがサッカー。ゴールを決めた選手に向かって全員が走り寄り、抱きしめたり、頭をなでたり。ああいうテンションの高さは、どの職場でも見習ってほしいものだと思います。

ふざけていると思われるかもしれませんが、私は大真面目にアドバイスしています。仕事の生産性だって、もちろんみるみるアップしますよ。会社の業績を上げたいなら、みんなでテン

ションを上げていくことが大切です。

カリフォルニア州立大学のマイケル・クラウスは、ＮＢＡの２００８年から２００９年のレギュラーシーズンの最初の２か月の試合で、どれくらい選手同士で触れ合っているかを調べました。ハイファイブ、頭を触る、胸をぶつけ合わせる、ハグなどの身体的な触れ合いです。調査対象は、30チームすべての２９４選手。

それからシーズンが終わったところでチームの勝率や個人の得点率などを算出したところ、**シーズンの最初にたくさん触れ合っているチームほど勝率も個人の得点率も高くなる**ことがわかりました。

チームメイト同士で触れ合う回数が増えれば、それだけチームの絆も強化されます。それによって**チームとしてのパフォーマンスは驚くほど向上する**のです。

ごく普通の会社でも、できるだけ社員同士の触れ合いはしたいですね。そのほうが職場も楽しくなっていきますから。

身体的な触れ合いにはどうしても抵抗があるというのなら、拍手ではどうですか？　頑張っている社員に向かって、「いいよ～、そのまま頑張れ！」などと声をかけ、みんなでパチパチと大きな拍手を送ってあげるのです。送られたほうはちょっぴり恥ずかしいと思いますが、内心ではものすごくうれしいですし、もっと頑張ろうという気持ちになると思いますよ。

37 触れ合いでやる気を引き出す

今の若い人たちは聞いたことがないでしょうが、かつて「ニコポン管理法」という部下指導法がありました。厳密にいうと、「管理法」とはいっても、管理などはしません。**部下を見かけたら、ニコッと微笑んで、ポンと肩を叩いて立ち去る**だけ。「ニコッ、ポン」を合わせて**「ニコポン管理法」**と呼ぶのです。

知らない人からすれば、「なんだ、それは!?」という方法ですよね。指導も何もしないわけですから。ところが、このニコポン管理法は、心理学的にいうと、まことに効果的なのです。

ニコッと微笑んでもらって、ポンと肩を叩かれると、余計なことを言わずとも、「お前のことを信用しているぞ」「そのまま頑張れ」「この仕事はお前にまかせるからな」などなど、いろいろなメッセージを伝えることができます。

ニコッと微笑むことも、肩を叩くのも、どちらも〝親愛〟を伝えるメッセージ。ですので、部下もうれしくなり、全力で仕事をしてくれるのです。

「なんだか怪しいな」と思うかもしれませんが、科学的な研究によっても、このテクニックの効果は裏づけられていますのでご安心ください。

前に出てきて黒板に答えを書いてくれた割合

	タッチングあり	タッチングなし
男子学生	31.0%	11.4%
女子学生	23.6%	4.8%

（出典：Guéguen, N. 2004より）

フランス北西部にある南ブルターニュ大学のニコラス・ゲガーンは、統計学の男性講師にお願いし、練習問題を学生に解かせるとき、ある学生には「よくできてるよ」などと言いながら腕を軽く叩いてもらいました（1秒以内）。他の学生には、腕を叩くことをしないようにお願いしました。

それからある程度の時間が経過したところで、「さあ、だれか前に出てきて黒板に答えを書いてくれ」と頼むのです。この実験を、6回分の講義で行ってもらったのですが、積極的に前に出てきて答えを書いてくれる割合は上の表のようになったそうです。

軽くポンと腕を叩くだけで、学生の積極性が高まったことがわかりますね。男女ともにタッチングの効果が見られました。

この実験でもわかるように、ニコポン管理法は、そんなに悪い方法でもないのです。

くどくどと指導をするより、ある程度は部下の自主性にまかせましょう。上司としてやることは、ニコッと微笑んで、軽く肩を叩くだけ。それだけでも部下は頑張ってくれますよ。

38 足すのはいいが、消すのは控える

作家というものは、あまり編集者が好きではありません。もちろん、私の話ではありません（笑）。私はお付き合いしているすべての出版社の編集者に感謝しながら仕事をしていますからね。あくまでも一般論としてのお話です。

なぜ作家は編集者を嫌うのでしょうか。その理由は、編集者が、自分の書いた原稿を容赦なく削ってくるから。たまに加筆してくれることはあっても、基本的にはばっさりと削ります。それが作家には気に入らないのです。

米国ウィリアムズ大学のケネス・サヴィツキーは、86名の大学生をペアにして、片方には「ライター役」、もう片方には「編集者役」になってもらい、大学の総長宛てにさまざまな問題提起の文章を書いてもらいました。

ライター役の仕事は文章を書くことですが、編集者役はさらに2つの条件に分けられました。

「加筆群」の編集者は、ライターの書いた文章の要点を変えずに文章をできるだけ長くすることが求められました。「削除群」の編集者は、文章をできるだけ削ることが求められました。

編集者の貢献度についての点数

	加筆群	削除群
編集者役	4.90	5.05
ライター役	4.60	3.16

（出典：Savitsky, K., et al., 2012 より）

さて、この作業が終わったところで、ライター役も編集者役も、「編集者がどれくらい貢献したと思いますか？」という問いに10点満点で点数をつけてもらったのです。すると上の表のような結果になりました。

編集者役は、加筆群でも削除群でも、どちらも「自分はかなり貢献した」と答えていることがわかりますね。ところがライター役はというと、削除群の編集者の貢献度を低く見ました。「ただ削っただけじゃないか」「ラクな作業をしただけじゃないか」と考えたわけです。

この実験でわかるように、作家は基本的に編集者を嫌うのです。念を押しますが、私の話ではありませんからね。一般論です。

書類の作成でもそうですよね。たいてい部下が書類の作成を命じられ、上司はほんのちょっと手を入れたり、文章を削ったりするだけ。それでも上司は、さも自分が書類をすべてつくったような顔をするものです。これが部下にとっておもしろいはずはありません。

たとえ上司が最終的に確認をしたり、手を入れたりすることがあっても、基本的には部下が企画書などの書類を作成したときには、**「お手柄はすべて部下のもの」**にしてあげたほうがいいですよ。そのほうが部下に喜ばれますから。「私はたいしたことをしていない」と謙遜してみせたほうが、絶対に上司としての評価は高くなるはずです。

第4章

学びの心理学

39 覚えたことは、だれかに教える

何かを覚える必要があるときには、ただなんとなく覚えようとするよりも、「だれかに教える」ために学習するといいですね。なぜかというと、**だれかに教えるために学んだほうが、学習効率は高まる**からです。

ワシントン大学のジョン・ネストイコは、56名の大学生に、映画『遥かなる戦場』のあらすじを読んでもらいました。

その際、半数の人には、読み始める前に「あとで、あらすじの内容のテストをしますからね」と伝えました。残りの半数には、「あとで、別の実験参加者に、そのあらすじを話してもらいますからね」と伝えました。

あらすじを読んでもらったあとで、内容についての記憶のテストをしたところ、**「他の人に話さなければならない」という条件のほうが、非常によく記憶している**ことが判明しました。

だれかに教えたり、話したりするのは、とてもいい学習法だといえるでしょう。

ただなんとなく政治や経済、歴史、文学の勉強をしようと思っても、うまくいきません。いろいろな本を読んでも、学習に熱が入らないのです。

けれども、自分が得た知識を、たとえばブログやユーチューブで公表しなければならないとしたらどうでしょうか。

そうやって自分を追い詰めれば、漠然と知識を得ようとするよりも、はるかに深く知識を得ることができるはずです。

自己完結の勉強では、本を読んでいても内容はそんなに頭に入ってきませんが、ブログやユーチューブで不特定多数の人たちに教えなければならないのだとしたら、どの部分を、どんなふうに伝えようか、とあれこれと考えなければなりません。中途半端な学習では、馬脚をあらわして恥ずかしい思いをしますので、必死になって勉強をするわけです。

もちろん、純粋に自分だけの楽しみとして勉強するのもいいですが、せっかく勉強をするのなら、「だれかに教える」ために勉強してください。そのほうが勉強に身が入ると思いますよ。

会社に入って数年が経ち、**後輩ができるといきなり仕事のスキルがアップする**人がいます。なぜかというと、後輩に仕事を教えなければならない立場になったので、必死になって仕事を覚えるから。新人の頃にはいいかげんにやっていた人でも、後輩に教えなければならないとなると、手抜きもできなくなるのですね。

小学校や中学校では、たまには生徒に先生役をやってもらい、授業をしてもらうような取り組みをすれば、生徒たちは必死になって授業内容を覚えると思うのですが、どうでしょうか。

40 自分で問題をつくりながら学習する

勉強をするとき、私たちはただなんとなく参考書を読んだり、問題集を解いたりするだけですませてしまうものですが、これはあまりよくありません。なぜなら、たいして覚えられないからです。

問題は解くというより、むしろ問題を自分でつくってみるといいですよ。**自分で問題をつくったほうが、より記憶が定着するので、学習効率も高くなります。**

米国オハイオ州にあるオバーリン大学のパトリシア・デウィンスタンレイは、心理学の教科書を読むだけ、あるいは用語の一部が欠けていて、自分で答えを推測しながら読まなければならない、という2つの条件の比較を行っています。

たとえば、「Affect」（感情）と用語がきちんと書かれた文章を読む条件と、「Af_ct」と用語の一部が欠けていて、自分なりに答えを推測しながら読まなければならない条件です。

教科書を読んでもらってから記憶のテストをすると、完成している文章を読むだけの条件での正答率は41・95％だったのに、自分なりに答えを推測しながら読む条件での正答率は61・27％になりました。

自分なりにあれこれと考えたほうが学習効率はよくなるのです。

これを心理学では、**「生成効果」**と呼んでいます。

ちょっと手間はかかるかもしれませんが、その手間がいいのですね。

英単語を覚えるときにも、あらかじめ単語の書かれた市販の単語帳で覚えるよりも、単語帳に1つひとつの単語とその意味を自分で書き込んで覚えようとしたほうが、はるかに効率よく単語を記憶できるものなのです。

本を読むとき、ただ漫然と流し読みをしても、それなりには本の知識を吸収できるかもしれませんが、本の内容について自分なりに問題を作成してみるのはどうでしょう。

クイズのような形で、「○○とは何か？」「○○の用語の正しい定義はどれか？」といったクイズをつくりながら本を読んだほうが、本の内容についてかなり詳しく覚えることができると思います。

最近の心理学の教科書には、各章ごとに「Q＆A」のようなミニクイズが載せられているものが増えました。普通に教科書を読むだけではあやふやな知識しか得られませんが、それではクイズに答えられません。こういうクイズのついた本を買ってくるのもひとつの方法ですが、自分で問題をつくったほうがさらに深く内容を理解できるでしょう。

41 短時間のゲームは脳を活性化する

ゲームをすると、頭が悪くなってしまうと多くの人は考えています。「ゲーム脳」などという、恐ろしい言葉もあります。けれども、本当にゲームをすることはよくないのでしょうか。

いえいえ、そんなことはありません。

もちろん、1日に何時間もゲームをし続けたら、脳にも悪影響があるのかもしれませんが、**1日に30分くらいのゲームなら、むしろ脳に好ましい効果をもたらしてくれる**ことが明らかにされているのです。

ドイツにあるマックスプランク研究所のサイモン・クーンは、新聞やネットで実験参加者を募集しました。48名の人が参加してくれたのですが、その中の23名には、「スーパーマリオ64」という市販のゲームを、1日に30分、2か月間遊んでもらいました。25名は比較のための条件で、ゲームはしてもらいませんでした。

さて、2か月後に調べてみると、**ゲーム条件では、右海馬形成、背外側前頭前皮質・小脳などの灰白質の増大が見られた**のです。

「ゲームは脳によくない」などということはなく、実際には、逆でした。**ゲームは脳に適度な**

刺激を与えて、好ましい効果をもたらすのです。

ただし、勘違いしてほしくないのですが、クーンの実験では、参加者が遊んだ時間は1日に30分。5時間も10時間も遊んだわけではありませんので、念のため。もしプレイ時間を伸ばしたら、ひょっとすると悪い効果が見られた、ということも可能性としては考えられるのです。

ゲームで遊ぶといっても、せいぜい30分くらいにしておくのが、現状ではベストな方法だといえるでしょうか。

実をいうと、私もゲームが大好きで、子どもの頃から大人になってもずっとゲームをして遊んでいます。母親には、「お前は、ゲームばかりしているのでロクな大人にならない」ともさんざん言われて育ちましたが、なんとかごく普通の大人になることができました。ゲームには、心配するほどの悪影響はないのでしょう。

昔、ラジオが開発されたときには、「ラジオはよくない」と言われていましたし、次にテレビが出てくると、「テレビの見すぎはよくない」と言われていました。どうも私たちは、新しいテクノロジーが生まれると、それに対して本能的に恐ろしさを感じてしまうものなのかもしれません。最近では、インターネットもやりすぎの弊害についてさかんに論議されています。

少なくともゲームに関しては、短時間ならむしろ脳を活性化する働きがあるようですので、そんなに心配はいらないと思いますよ。

42

勉強は子どもに選ばせてあげる

複数の選択肢の中から好きなものを選ばせてあげるというテクニックは、モチベーションを高めます。これは仕事術のところでもちょっと触れましたね。ということは、子どもに勉強をさせるときにもやる気を高めるのに役立つのでしょうか。

正解は、「イエス」。

テキサス大学のエリカ・パタールは、2つの高校の14のクラスで、このテクニックの有効性を確認しています。

パタールは、高校の先生にお願いをして宿題を出すときに、普通に宿題を出すグループと、宿題のリストの中から好きなものを選ばせるグループに分けました。なお、宿題のリストの中の選択肢の難しさは、ほとんど同じです。生徒が、やさしい宿題ばかりを選ぶ、ということのないように注意しました。

実験は4週間にわたって続けられましたが、**宿題を選ばせたほうが、モチベーションが上がったのか、きちんと宿題をやってくる割合も増えた**のです。「選ばせる」という方法は、勉強にも使える、といえるでしょう。

「うちの子はまったく勉強しなくて困ります」と嘆く親御さんは少なくないと思うのですが、それはやり方が悪いのですよ。

子どもに勉強させたいなら、複数の選択肢の中から選んでやらせるようにすればいいのです。そうすれば子どもにも勉強の習慣がつきます。

数学であれば、計算問題をやるのか、文章題をやるのか、そういうものを選ばせるのです。英語であれば、今日は文法か、単語の学習か、読解か、まずはその選択をさせましょう。

決められたことだけをやらせようとしても、うまくいきません。子どもにも自主性があるので、**「やらされる」のではなく、「自分で決めたい」という気持ちがある**のです。そういう気持ちを満足させるためには、選択をさせることです。

楽しく勉強をする習慣さえつけさせてしまえば、あとは放っておいても勝手にやってくれるようになります。習慣とはそういうものです。「やらないと落ち着かない」というレベルにまで習慣化させれば、あとは子どもに勉強を無理強いしなくとも、勝手にやるようになりますよ。

高校までの学校のカリキュラムは、自由度がほとんどなく、生徒が科目を自由に選ぶことができません。ところが、大学になると講義の選択の自由度は飛躍的に増えます。そのためでしょうか、大学になってから「勉強ってけっこうおもしろいんだな」と気づく学生も増えるように思います。選ばせるのは、まことによい方法なのです。

43 先生へのインセンティブは効果がない!?

生徒にやる気を出してもらうのも必要ですが、教える側のやる気はどうなのでしょう。先生にインセンティブを与えると、はりきって授業をして、生徒の成績が伸びるのでしょうか。

この点についても検証は行われているのですが、結論を先にいえば、どうもそういうことには「ならない」ようです。

ハーバード大学のローランド・フライヤーは、ニューヨーク市内にあるいくつかの教育困難校で先生のインセンティブの検証を行っています。

このプログラムでは、まずインセンティブとして先生たちに7500万ドルにのぼる現金を準備しました。先生の指導に応じてお金がもらえるようにしたのです。だれでもお金はほしいに決まっていますから、先生にとってはものすごくおいしい話ですよね。

このプログラムは4年間にわたって実施されたのですが、いい結果が得られたのでしょうか。

いいえ、そういうことにはなりませんでした。残念なことに、**先生にお金を配るようにしても、生徒の成績、出席率、卒業率は、どれもまったく高まらなかった**のです。むしろ、生徒数の多い学校では、先生にお金を配ると、生徒の成績は「下がってしまう」という皮肉な結果さえ得られました。

ただし、この結果については、ひょっとすると「お金」というものがインセンティブとして機能していなかった、という可能性もあります。

学校の先生は、お金がもらえるから先生をやっているのでしょうか。

いいえ、それは違います。先生は、教えることが好きで、生徒たちに教えることに喜びを感じるから先生になったのです。

お金だけを目的に職業を選択するのなら、学校の先生よりもはるかに実入りのいい仕事はいくらでもあります。それでも先生たちは、そういう職業を選ばず、あえて教職を選んだのです。

そういう人たちですから、お金などを配ると、「私たちは、お金がほしくて先生をやっているわけじゃないんだ！」という心理的な反発を引き起こしてしまった可能性があります。お金によって教育への情熱が失われ、やる気も出なくなってしまったのかもしれません。そのため生徒の成績も思うように伸びなかったのでしょう。この可能性は大いにあります。

フライヤーの研究では、かえって先生のやる気を下げてしまったわけですが、もちろん、先生にインセンティブが必要ないというわけではありません。

学校の先生にとってのインセンティブはお金ではなく、生徒たちが問題を解けるようになって大喜びする姿とか、感謝してくれる姿であったりするわけです。

44 くり返していいのは5回まで

何事もしつこすぎるのはよくありませんが、教育もそう。一度教えたくらいでは、しっかりと理解できないかもしれませんが、だからといって、あまりにもしつこく教えようとすると、相手をうんざりさせてしまい、教育的効果は望めなくなります。

部下を指導するとき、3回から4回くらいなら同じ指導をしてもよいと思いますが、それ以上教えようとするのは逆効果。どうせ同じ指導をしても聞いてくれないでしょうから、あとはもう本人の自助努力におまかせするのが一番です。

ドイツにあるマンハイム大学のサイモン・シンドラーは、エイズに関する教育的広告を、条件によって2回から7回読ませてみました。それから、エイズの怖さについて聞いてみると、次ページの図のような結果になったのです。

数値は7点満点で、7点に近いほど「エイズは怖い」と評価されたことを示します。「エイズは怖い」と回答した人が最も多かったのは**「5回」**読んだ人で、7回読んだ人は最も低かったのです。

同じことをくり返すのは、基本的によいことです。1回では理解できないことは、よくあり

「エイズは怖い」の評価と読んだ回数の関係

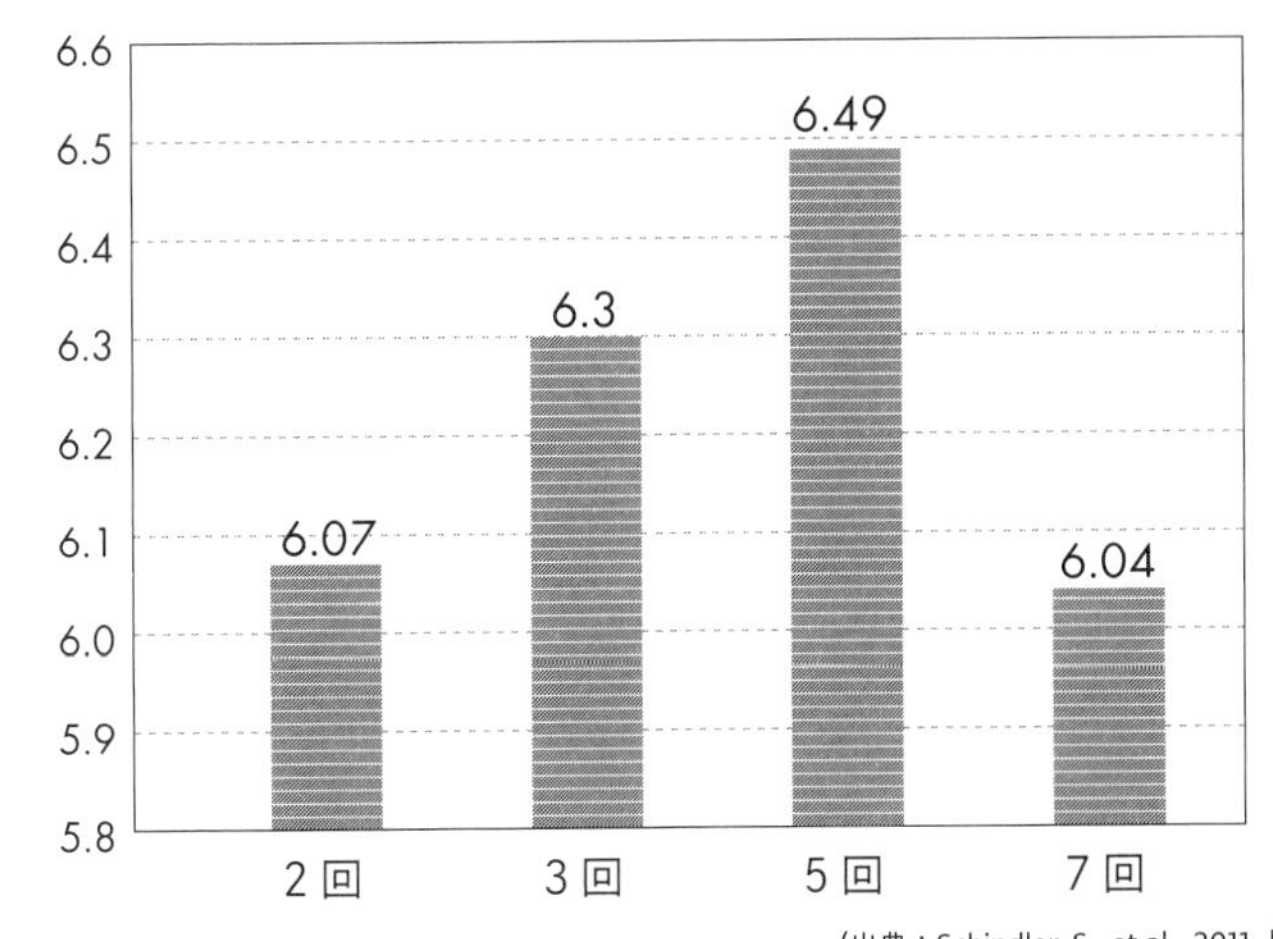

（出典：Schindler, S., et al., 2011より）

ますから。とはいえ、**くり返せばくり返すほどいい、というわけではない**のです。同じことを7回もくり返すと、「さすがに、もういいよ」とうんざりされるのか、かえって教育的効果が落ちてしまうことがわかりますね。

子どもの教育もそうで、くり返すにしてもせいぜい3回から5回くらいでよいのではないでしょうか。同じ日に、くどくどと教えようとしても、反発されてしまってうまくいきません。もちろん、日を変えてくり返して言うのはかまわないと思いますが。

45 ペンはパソコンより強し

何かを学ぶときは、ペンを使いましょう。ようするに、**自分の手を使って書く**のです。
セミナーを受講するときにも、ペンを使いましょう。そのほうが、講師の話をより深く理解できるようになりますから。会議でもそうですね。メモをとるのなら、パソコンでなく、ノートを使ってください。

「パソコンを使ったほうが便利なのに、どうして?」と思う読者もいるでしょう。パソコンを使えば、あとでメモの内容を好きなように編集できますし、資料として加工したり、メールしたり、さまざまな利点がありますが、それでもペンのほうがよい、という理由があるのです。

プリンストン大学のパム・ミューラーは、65名の大学生に、さまざまな分野の専門家が講演している姿をオンラインで配信している「ＴＥＤ Ｔａｌｋｓ」を見てもらい、「講義を受けるときのようにメモをとってください」とお願いしました。

ただし半数には、ノートに手書きしてもらい、残りの半数には、机に置かれたノートパソコンを使ってメモをとってもらいました。

講演を見てもらってから30分ほど無関係な作業をさせ、それから講演内容についての理解度テストを受けてもらいました。

なお、テストには、事実に関する問題（「インダス文明が存在していた期間は？」など）と、応用的な問題（「日本とスウェーデンでは社会の平等を達成するやり方として、どういう点が異なりますか？」など）がありました。

その結果、事実に関する問題では、手書きでメモをとろうが、パソコンでメモをとろうが、あまり差はありませんでした。ところが、**応用的な問題では、手書きのグループのほうがはるかに高得点を挙げることができた**のです。

なぜ、そういうことになったのでしょう。

ミューラーによると、**パソコンでは、メモをとることに気をとられて、内容の理解が浅くなってしまう**から。パソコンを使うと、「講師がしゃべっていることを、片っ端からメモすればいいや」という姿勢になりがちです。つまり、内容の理解は、非常に薄っぺらいのです。

その点、**手書きでメモをとるときには、講師の話に集中しながら、重要ポイントに絞ってメモをとります。**速記者でもなければ、すべてを書き写すことはできませんからね。そういうわけで、手書きをしたほうが、内容をより深く理解することができるのです。

パソコンはたしかに便利な道具ではあるものの、何かを学ぼうというときには、昔ながらのやり方である、ノートとペンを使ったほうがいいのかもしれません。

46

子どもを悪の道に行かせない方法とは？

政府は青少年向けのキャンペーンを行うことがあります。飲酒やタバコ、麻薬などは絶対にやってはいけません、といったポスターは街のあちこちに貼られていますし、テレビでも広告キャンペーンがなされることがあります。

キャンペーンを実施するには、相当に予算もかかると思うのですが、いったいああいうキャンペーンというものは、お金に見合った効果があるものなのでしょうか。

結論からいえば、そんなに効果はありません。

つまり、ムダなところに予算をつぎ込んでいることになります。

もちろん、1ミリも効果がないかというと、そういうことでもありません。大切なことは、キャンペーン自体でなく、**キャンペーンをきっかけに、親子の話し合いを促す**ことなのです。

オーストラリアにあるクイーンズランド大学のトーマス・モートンは、青少年麻薬撲滅キャンペーンによって、青少年は本当に麻薬に手を出さなくなるのかを検証してみました。

ところがきちんと調べてみると、キャンペーン自体にはあまり効果はなかったのです。**子どもが麻薬に手を出さないと思うようになるのは、親子の話し合いによって**でした。

「麻薬には依存性があります」とか「麻薬に手を出すと人生が台なしになります」といくらキャンペーンしても、子どもは「ふうん」と聞き流してオシマイです。

ところが、「もし、友だちが無理に勧めてきたら、どうやって断る?」といったことを親子で話し合っていると、子どもは「麻薬はやめておこうかな」と思うようになるのです。

キャンペーンはあくまでもきっかけ。親子の話題のきっかけを提供するという意味では、キャンペーンもムダではありません。キャンペーンをやらなければ、親子で問題を話し合うということもしないでしょうから、そういう意味では効果があります。

したがって、キャンペーンを実施する運営者にぜひ覚えておいてほしいのは、ポスターをつくるにしても、**「この問題を親子でぜひ話し合ってみてください」という1文を必ずどこかに載せておく**ということ。これをしないと、キャンペーンの効果はありませんから。

昔の家庭では、政府がキャンペーンなどやらなくとも、「タバコと酒には手を出すなよ」「飲酒運転なんて、絶対にやめろよ」といったことを親は子どもに教えていたものですが、最近はそういうセンシティブな話題を親子で話し合うことはあまりないのではないかと思います。

ですので、親子でいるときにたまたまキャンペーンを見かけたら、「そうそう、麻薬といえば……」と、話題を切り出すのがいいのではないでしょうか。子どもを悪の道に行かせないためにも、ポスターやテレビCMを見かけたときには、親子で話し合いをしてみてください。

47

創造力を高める簡単な方法

「クリエイティビティ」（創造性）という言葉を聞いて、ミュージシャンや画家、あるいはデザイナーや広告会社の人に必要な能力だろうと思った人は、ちょっと誤解しています。なぜなら、クリエイティビティは、あらゆる職種の人に必要な能力だからです。

たとえば、仕事をしていると、「ここを少し変えてもらえると、仕事がずっとやりやすくなるんだけどな」と気づくことがありますよね。そういう「気づき」も、クリエイティビティなのです。

トヨタ自動車の「カイゼン」活動が有名ですが、従来の業務を見直して、少しでもよくしていく提案は、だれがやってもいいことになっています。このような「カイゼン」活動はまさしくクリエイティブな行動です。

一般に、「クリエイティブな仕事」といえば広告業界などをイメージしてしまいますが、とんでもないお話で、どんな業界で働く人でも、クリエイティブな仕事を日常的にやっているわけです。

クリエイティビティというのは、従来にない発想をする能力のことですが、こういう能力はいったいどうやって高めることができるのでしょうか。

簡単にできる方法は、**「緑色」（グリーン）を見つめる**こと。

驚かれるかもしれませんが、緑色をぼんやり見ていると、なぜかクリエイティブな能力がアップしてしまうようなのです。

ドイツにあるミュンヘン大学のステファニー・リクテンフェルドは、緑色、あるいは白を見せてから、「ブリキ缶の新しい使い方」を考えてもらうという作業を求めました。

なお、ブリキ缶の新しい使い方を考える作業は、創造力を測定するテストでよく利用されます。参加者が思いついたアイデアは、2名の判定員によって、5点満点で創造力が高いといえるかどうかを判断しました。

その結果、**緑色を見てから作業をした人のほうが、はるかにユニークな使い道を思いつくことができる**ことがわかりました。緑色を見ていると、創造力が刺激されるようなのです。

リクテンフェルドは第2実験では緑色とグレー、第3実験では、緑色と赤色とグレーでの比較を行ってみましたが、何度実験しても、緑色が他の色よりも創造力を高めることが明らかにされました。

緑色といえば、木々や葉っぱの色で、ようするに自然の色。ということは、自然の環境が多いところのほうが、創造力は刺激されるといってよいかもしれません。

企業の研究所のような場所は、たいてい周囲にたくさんの木を植えていますよね。それは研究員たちが優れたアイデアを出すのを助けるためにそういうことをしているのかもしれません。あるいは偶然かもしれませんが。

「ちょっとアイデアが行き詰まっちゃったな」というときには、窓から外を眺めて、緑の木々でも探してみるといいですよ。しばらく緑色を見ていれば、ユニークな解決法を思いつくことができるかもしれません。

48 できないと思うから、本当にできなくなる

思い込みの力は、ものすごく大きいですよ。おそらく、読者のみなさんが思っている以上に大きいと思います。自分の人生がどのように変化していくかは、まさに**自分の思い込みが決めているといっても過言ではありません。**

「私ならできる!」と思っていれば、本当にできるようになります。

逆に、「私はできないかも……」と思っていたら、本当にできなくなってしまいます。どうせ思い込みをするのなら、ポジティブな方向に思い込みをするようにしましょう。

「女性は、男性に比べると数学ができない」という思い込みがあります。こういう思い込みをしている女性は、本当に数学ができなくなることが知られています。

「運動選手は、頭がそんなによくない」という思い込みもあります。

こちらについても、やはりそういう思い込みがあると、本当に学力が伸び悩んでしまうことがわかっています。

スタンフォード大学のトーマス・ディーは、84名の大学生(44%は運動部に所属)を2つに分けて、片方にだけは、「あなたはNCAA(全米大学体育協会)のメンバーですか?」「種

目は何をやっていますか?」「週にどれくらい練習していますか?」などと質問することで、運動をしていることを強く意識させました。残りの人たちには、大学の学生食堂についての無関係な質問をしました。

それからすべての参加者に、「GRE」という試験を受けてもらいました。これは、アメリカで、文系、理系を問わず大学院に進学するのに必要とされるテストです。

その結果、**運動部に所属していて、さらに「私は運動をしている」ということを強く意識させられたグループでは、本当に試験の成績が悪くなってしまう**ことがわかりました。思い込みの力は、相当に強いといえるでしょう。

何事もそうですが、おかしな思い込みは持たないほうがいいですよ。

「私はのろまだ」と思っていると、仕事をスピーディにこなすことはできなくなりますし、「私は太っているからモテない」と思っていると、本当に異性にモテなくなってしまいます。

おかしな思い込みをしているのなら、まずはその思い込みにはまったく根拠がないこと、そういう思い込みをしているうちは自分は変われないのだということを理解するようにしてください。

おかしな思い込みは、自分の首を自分で締めるだけ。

そんな思い込みはさっさと捨ててしまいましょう。

49

ミスがどんどん報告される職場のほうがいい!?

人はだれでもミスをします。これはもうどうしようもありません。人間なのですから、すべてを完璧にこなすことなどできません。ミスはあるのが当たり前。

では、読者のみなさんの職場では、ミスの報告はどれくらいなされているでしょうか。

機械を故障させてしまったとか、お客に迷惑をかけてしまったとか、商品に不良品がまじっていたとか、そういうミスはすぐに報告がなされるでしょうか。

もし「あまりミスの報告がなされない」というのなら要注意。そういう部署、あるいは、そういう会社はあまり健全とはいえません。

ハーバード大学のエイミー・エドモンドソンは、都市部にある2つの大学病院の8つの医療チームを、半年にわたって調査させてもらったことがあります。

調べたのは、どれくらい医療ミスの報告がされているか。また、「治療の質」「協力関係」「効率性」などでそれぞれのチームのパフォーマンスに得点をつけてみました。

すると、エドモンドソンにとってびっくりするような結果が得られました。**優れたパフォーマンスのチームほど、「ミスの報告が多い」**という結果が得られたのです。

「えっ、逆じゃないの？」と思いますよね。エドモンドソンもそう思いました。そこでさらにじっくりと検証したところ、その理由がわかりました。

パフォーマンスのよくないチームで医療ミスの報告が少なかったのは、ただ単にミスをしても報告していないだけだったのです。「こんなミスを報告したら、上司に大目玉をくらうに決まっている」と思えば、ミスを隠しますよね。そのため、ミスの報告が少なかったのです。

その点、高いパフォーマンスのチームは違います。**「ミスをしてもＯＫ」という雰囲気ができあがっているので、ほんの小さなミスでも、メンバーはすぐに報告する**のです。そのため、ミスの報告件数が増えてしまうのです。

ミスの報告がたくさんあるのは、いいことなのですよ。

そういう会社のほうが健全だといえます。なぜなら、ミスを許容する社風がきちんとできあがっているから。ダメな会社は報告がなされません。ミスを報告したら上司にひどく怒られるとか、クビにされてしまうと思えば、怖くてミスの報告などできませんよね。どうにかしてもみ消そうとします。そのため失敗が会社全体で共有されず、同じ失敗を何度もくり返すことになり、会社がどんどんダメになっていくのです。

「うちの会社（チーム、部署）は、失敗したって大丈夫！」

社員がそんなふうに思えるような職場づくりを心がけたいですね。

第5章

お金儲けの心理学

50 商品をどんどん触ってもらうと売れる

本屋さんによるのですが、「立ち読みお断り」という紙が店内に貼られているところがあります。新品の本をあまり汚されたくないということなのでしょうが、商売という観点からすれば、このやり方は好ましくありません。

心理学的にいうと、商品はどんどん手にとってもらうのが正解。

なぜかというと、**触ってもらうと、その商品をほしくなってくる**から。

私はフリーマーケットが好きなのですが、そんなにほしいとも思わないものを、なんとなく手で触っているうちにほしくなってくることは、よくあります。触っていると、だれでもそうなるのです。

アパレルショップの店員が、やたらと試着を勧めてくるのも、**洋服を手にとってもらったり、試着してもらったりしたほうが、購入してもらう確率が高くなる**からです。

おもしろい実験をご紹介しましょう。

ウィスコンシン大学のジョアン・ペックは、1分間、マグカップに好きなだけ触ってもらう条件と、ただ見つめるだけの条件を設けて、「このマグカップには何ドルの価値があると思いますか？」と聞いてみました。

すると、1分間触ってもらった条件のほうが、マグカップを高く評価したのです。高いお金を払っても買う価値がある、ということです。**触っているだけで、商品の価値がいきなり上がってしまう**のですから、まことに不思議ですよね。

「汚れてしまうから、商品には触ってはダメ！」などと心の狭いことでは、商売は成功しません。どんどん触ってもらうようにすればいいのです。

この原理は、どんな商品にも当てはまるでしょう。野菜でも、果物でも、家電製品でも、洋服でも、とにかくどんどん触ってもらったほうが、絶対に売れ行きはよくなりますから。

どうしても触ってほしくないというのなら、せめてワゴンなどを用意して、「この中の商品はどんどん触ってください」と一部の商品だけでも触らせるようにしてください。サンプル商品だけを触ってもらうようにすれば、他の商品は汚れません。

商品やサービスは、どんどん試してもらうようにするといいですね。ただ商品説明をされるより、よほどお客の購買意欲は高まりますから。

子どもにせがまれてペットショップに出向き、自分はそんなに動物が好きではなかったのに、ペットショップの動物を触らせてもらっているうちに、いつのまにか購入してしまったという親は意外に多いのではないでしょうか。触ることには、不思議な効果があるのです。

51 必要がなくとも、きちんと自己紹介しておくとよい

サービス業に携わる人に、簡単にできる心理テクニックをお教えします。

それは、**特に自己紹介する必要がないときにも、自己紹介するようにする**こと。これだけで、お客からのウケはよくなります。

胸のところにつけるネームプレートが会社から支給されていることもあると思うのですが、たとえネームプレートをつけていたとしても、それでもお客に対するときには、「○○と申します」と軽く自己紹介しておくといいですよ。これは絶対にやるべきです。

南カリフォルニア大学のキンバリー・ガリティは、とあるレストランでおもしろい実験をやっています。22歳の女性の店員にお願いして、お客によって自己紹介したり、しなかったりしてもらったのです。

自己紹介するときには、「私は○○と申します。本日は、私が担当をさせていただきます」と名前をきちんと告げました。別のお客のときには、「本日は、私が担当させていただきます」とだけ告げました。

ただし、このレストランはビュッフェ形式でしたので、「私が担当します」と言っても、実

際には女性が特に何かをするということはありません。違いは、最初に席まで案内したときに、純粋に自己紹介をするかしないかだけ。

ところが会計のときに、目に見える差が見られました。きちんと自己紹介しておいた場合には、23・4％のお客がチップをくれたのです（自己紹介しないときには15・0％）。しかも、チップの金額も平均すると多かったのです。自己紹介しておいたときには平均5・44ドルのチップをもらえましたが、自己紹介しないときには3・49ドルでした。

名前を言うかどうかだけで、お客からの印象は、相当に変わるといってよいでしょう。たとえ名前を言う必要がなくとも、名前は言っておいたほうがいいですよ。絶対にムダになりません。

たとえば、会社にやってきた訪問客を、案内する仕事をしているとしましょう。自分は直接にその人と仕事をするわけではないので、自己紹介する必要はないのですが、ただ「こちらです」と先に立って歩いていくよりは、「私は○○と申します。ご案内いたします」と自己紹介したほうが、お客もうれしいでしょうし、好印象を持つはずです。

コンビニやスーパーのレジ係の人も、特に自己紹介は必要ないと思うのですが、「○○といいます。よろしくお願いします」と軽く自己紹介しておくと、そのお店をひいきにしてくれるお客が増えそうに思うのですが、どうでしょうか。

52

株価が上がるかどうかは天気を見ればわかる

私は心理学者であって、株の専門家ではありませんが、もし売り買いをしなければならなくなったとしたら、その日の「天気」を調べるでしょう。

「えっ、株なのに天気？」と思われるかもしれません。

しかし、株というものは、人間の心理の影響を大きく受けるものです。そして、**人間の心理というものは、その日の天気によって左右される**ことが多いのです。ですから、天気を調べれば、その日の株価がどんなふうに変わるのかも、ある程度は予測できるわけです。

オハイオ州立大学のデビッド・ハーシュレイファーは、世界26か国の1982年から1997年までの株価のデータと、それぞれの国の朝の天気との関連性を調べてみました。

その結果、もう驚いてしまうほど、「朝、晴れていると株価は上がる」という明確な傾向が見られたのです。

読者のみなさんも経験的にわかると思うのですが、朝起きたとき、清々しい天気のときには、気分がよくなります。晴れていると、人は浮かれやすくなるのです。こういうときには、株価もぐんぐん上がっていくのです。

ただし、天気で参考になるのは、「晴れ」かどうかだけ。

「雨」や「雪」のときには、気分が落ち込みやすくはなりますが、そういう日には株価が下がるのかというと、こちらについては明確な関係は見られませんでした。現時点で、確実にいえるのは、**「晴れの日には、株価が上がる」**ということだけです。

心理学というと、多くの人は、カウンセリングや、ネズミの実験をイメージすると思うのですが、心理学者はいろいろな現象に興味を持っているので、天気と株価の関連性についても調べているのです。その点が、心理学者の懐の深さというか、心理学という学問の広さです。

この項目では、天気と株価についての研究をご紹介しましたが、その他の買い物行動についても、同じような現象は見られるはずですよ。

つまり、天気が晴れていたら、買い物客の心理もウキウキしますので、余分な買い物をしてくれたり、衝動的に高額な商品を買ってしまったりすることが増えるのだろうな、ということも予想できるわけです。

お店をやっている人は、晴れた日には、たくさんの商品を仕入れましょう。晴れた日には、普段よりも買い物客の財布のひもはゆるくなっているはずですから、商売をするのにまことに都合のいい日でもあるわけです。

53

株式市場で人気の高い会社を予測するテクニック

私は、社名を聞けば、その会社がどれくらい株式市場で人気があるのかを予測することができます。その会社の資本金や、どんな業態のビジネスをしているのかなどは、わからなくともできるのです。

なぜそんなことができるのかというと、私が超能力者だからではなく、心理学のデータを知っているから。もちろん、本書を読んでくださっているみなさんも、私と同じように、**社名だけを頼りに、その会社の株価をある程度までは予想できる**ようになります。

しかも、このやり方は非常にシンプル。難しい数式などは一切使いません。

では、どうやるのかというと、社名を何回かぶつぶつとつぶやいてみるだけ。たったそれだけで株価の予想もある程度はできてしまうのです。

スムーズに発音ができ、しかも覚えやすい社名なら、おそらくはその会社の業績はよいはずです。逆に、発音しにくかったり、長ったらしかったり、覚えにくいな、と感じるようなら、きっとその会社はそれほど業績もよくないでしょう。

プリンストン大学のアダム・オルターは、１９９０年から２００４年までのニューヨーク証券取引所と、アメリカン証券取引所で取引された約1000の銘柄の株価を調べてみました。

すると、**「アマゾン」とか「グーグル」のように、口にしやすい名前の企業は、「マジャル・ターヴクズレーシ・レースヴェーニュタールシャシャーグ社」（ハンガリーの電話会社）のような企業よりも、株価は高くなる**傾向が明らかにされたのです。

「なんだか、発音しにくいな」

「この会社のスペルは、どう読めばいいんだろう？」

「なんだか、社名の響きがよくないな」

もしそんなふうに感じたら、その会社は、あまり好ましい印象を与えません。投資家もそうで、そういう会社の株をあまり積極的に買おうという気持ちにならないのです。そのため、本当はよいビジネスをしていても、株価はそんなに高くならない、という現象も起きるのです。

会社が伸びてゆくかどうかは、社名がとても重要。

いいかげんな名前をつけてしまうと、会社の先行きもあまりよくありませんので、これからビジネスを始めようという人は、できるだけ社名にこだわってください。**発音しやすく、だれにでもすぐに覚えてもらえるような社名にするのがコツ**です。

「商売というものは、中身が重要なのであって、社名なんてそんなに大切でもない」と思っているのだとしたら、大間違い。中身よりも、むしろ社名のほうが重要だったりするのです。

54 商品によい香りをつける

屋台から、おいしそうな匂いがしてくれば、私たちはお腹がすいてきます。匂いのない食べ物は、まったく食欲をそそられません。

では、食べ物ではなく、普通の商品ではどうなのでしょうか。

実は、こちらについてもよい香りがないよりは、**よい香りがついていたほうが、購買意欲をそそる**ことがわかっています。

人が香りに影響されることは、米国コルゲート大学のドナルド・レアードの研究でも明らかにされています。レアードが、ニューヨーク在住の250名の主婦に、4つのストッキングの中から、一番気に入ったものを選んでもらうという実験をしたことがあります。

ただし、4つのストッキングは、まったく同じものでした。それぞれが別の箱に入っていたのですが、3つには匂いがついていたのです。

その結果、「匂いがない」ストッキングを選んだ人はわずか8%。匂い袋の香りのあるものを選んだ人は18%、果物の香りのあるものを選んだ人は24%、スイセンの香りのあるものを選んだ人は50%、という内訳になりました。

この実験では、**「フローラルな香り」のものが一番好まれ、2番目は「フルーティな香り」**ということになりました。商品には、花や果物の香りをつけておくとよいのかもしれません。

ただし、これは文化的な差も考えられるので、いろいろな実験で確認したほうがいいでしょう。

レアードの実験でおもしろいのは、ストッキングの品質はすべて同じであったにもかかわらず、「どうしてそれを選んだのですか？」と理由を聞いてみると、「これは手触りがいい」などと、もっともらしい理由をみんなちゃんと答えたことです。本当は「匂い」が重要だったのですが、それを理由に挙げた人はいませんでした。**自分でも知らないうちに香りに影響を受けていた**のです。

最近では、本を購入するときに電子書籍を選ぶ人も増えました。

本は意外に重いので、何冊もの本を持ち歩くのは大変です。電子書籍なら、タブレットがあれば何百冊でも持ち歩けるので、便利だという判断でしょう。

ところが、そんな時代にあっても、それでも紙の本を購入する人も少なくありません。おそらくは、普通の本を選ぶ人は、紙の匂いが好きなのではないかと思います。電子書籍ではそういう匂いは楽しめませんので、味気ないと感じるのでしょう。本は知識を得るのが目的とはいえ、匂いなどいらないのかというと、決してそんなこともないのです。独特の紙やインクの匂いが好き、という人は意外に多いのです。

55

お店には静かなクラシック曲を流す

商品には香りがあると売上が伸びるわけですが、他にはどんなものが考えられるでしょうか。

科学的な研究によって、**「音」も重要**であることがわかっています。お店で流すBGMによって、お客の購買行動はガラリと変わるのです。

「適当な音楽を流しておけばいいや」というのは考えもの。**たくさん買い物をしてもらいたいのなら、音楽のジャンルとしてはクラシックがいい**ですよ。クラシック音楽を流しておくと、お客はたくさんお金を使ってくれるのです。

テキサス工科大学のチャールズ・アレーニは、あるワインショップに協力をお願いして、日によって店内で流すBGMを変化させてもらいました。今日、クラシックを流したら、翌日には、ビルボード誌のトップ40の曲を流すようにしたのです。なお、この実験で使ったクラシックは、モーツアルト・コレクションやメンデルスゾーンのピアノコンチェルトなどの市販のCDです。

実験は約3か月間続けられました。その結果、それぞれのBGMを流したときのお客の購

BGMの種類別にみた１人当たり購入金額と滞在時間

	クラシック	トップ40
購入金額	7.43ドル	2.18ドル
滞在時間	11.01分	8.97分

（出典：Areni, C. S., & Kim, D., 1993より）

入金額と、店内の滞在時間は上の表のようになりました。

データから明らかなように、**クラシックを流すようにしたほうが、お客は3倍以上ものお金を使った**ことがわかりますね。

なぜ、クラシックを流すとたくさんお金を使ってくれるのでしょうか。その理由は、おそらく、クラシックのイメージが関係していると思われます。

クラシックは、「高級な音楽」「贅沢な音楽」というイメージがありますから、クラシックを聴いていると、無意識のうちに、安い商品よりも、それなりに値の張る商品を選びやすくなるのではないか、と考えられるのです。

普通のレストランやカフェでも、店内でクラシックを流すようにすると、「なんとなく高級店」というイメージを醸し出すことができて、お客もちょっと高いメニューを選んでくれるかもしれませんね。

56 売りたい商品に、照明を当てる

香りの話や、音楽の話をしてみました。他には何かないのでしょうか。商売に役立つような要因があれば、ぜひ知りたいという読者のために、もうひとつくらいお教えしましょう。それは**「照明」**。

私たちは、**薄暗いところに置かれたものよりは、光が当たっている商品を手にとりやすい**、という傾向があります。ですから、もし「この商品を特に集中的に売っていきたい！」というものがあるのなら、その商品にライトの光を当てるようにするといいですよ。

ルイジアナ州立大学のテラサ・サマーズは、２つのアパレルショップに協力してもらい、ディスプレイに展示してある洋服に照明を当てた場合と、当てなかった場合とで、その商品の売上の変化を調べてみました。

なお、２つの店舗にはビデオが設置されており、２３６７名のお客の行動をあとでビデオ分析してみたのですが、照明が当たっているときには、その洋服に触れる回数が約2倍になり、ディスプレイの前に立ち止まって洋服を見つめる時間も長くなりました。もちろん、購入も増えました。

私たちは**商品に光が当たっていると、立ち止まって、購入するかを決めようとする**のです。美術館でもそうですね。展示によって、やたらに人が集まっているところがあるのですが、有名な芸術家の、有名な作品が展示されているかというとそんなこともなく、ただ明るいライトで照らされているため、なぜか人が立ち止まってしまう、というだけだったりします。

最近は、省エネやエコの観点で、照明を少なくしたり、明るさを抑えたりするお店もありますが、心理学的にいうと、あまり好ましくありません。

店内が明るくないと、お客は、「買い物をしたい」という気持ちにならないのです。電気の消費量は増えてしまいますが、やはりある程度は照明を使わないと、売上はどんどん落ちてしまうのではないか、と私などは思っています。もちろん、省エネもエコ意識も大切ですが。

特に、高級品を扱うデパートなどでは、照明を減らすと、売上がてきめんに落ちます。商品には、たくさんの光が当たっていないと、どれだけ品質のよい商品でも売れません。

スーパーやデパート、本屋さんなど、たいていのお店では、「入口付近」に置かれたものほど手にとってもらえますが、それは、外に近いほうが太陽の自然光によく照らされるからです。

お店を設計するのなら、たくさん窓をつくるとか、一面をガラス張りにするとか、とにかく外光をたくさん取り込む構造にするといいですね。そうすれば、照明代を抑制しながら、売上も伸ばせるでしょう。

57 「例」を示せば、人は従う

日本には、チップという習慣がありません。そのため、海外旅行をするときには、どれくらいのチップを置くのがよいのか、判断ができないこともあります。

気持ちのいいサービスを受けたとき、チップを払いたいなと思っても、どれくらいのチップがよいのかわかりかねるとき、私たちは「チップを払わない」を選択します。サービスをする側からすれば、これでは困ってしまうでしょう。

では、どうすればいいのかというと、きちんと「例」を示しておくのです。**「例」を示しておけば、私たちはその通りにする**ものだからです。どうすればいいのかわからないので従いたくとも従えない、ということはよくあります。

ユタ州立大学のジョン・セイターは、レストランにやってきた113組のお客に対して、ある実験をしてみました。あるお客に対しては、会計のときに、「お心づけの例：お食事の15％」と明記してある紙を見せたのです。別のお客のときには、その紙は見せませんでした。

すると、**きちんと「お食事の15％」とチップの金額の例を示したときのほうが、チップをたくさん払ってくれるお客は増えた**のです。自分の食べた料理代金の15％と言ってもらったほうが、お客も従いやすかったのでしょう。

東京では、階段やエスカレータでは、右側を空けるようにするのが一般的ですが、関西では逆に左側のほうを空けます。地域によって、こういう差があると旅行者もまごついてしまうものですが、「ここは左側通行」といった看板と、ちょっとしたイラストをつけて例を示してあげれば、歩行者はその通りにしてくれます。

なんでもそうですが、例をつけておくのはいいことですよ。例を示しておけば、人を動かすのもそんなに難しくありませんから。

土足厳禁の場所で、靴を脱いでほしいのなら、靴を脱いでいる人のイラストをその近くに置いておけばよいのですし、被り物をとってほしいのなら、帽子を脱いでいる人のイラストを置いておけばよいのです。

よほどひねくれた人でなければ、例を見せられれば、「なるほど、ここではそうすればいいのか」と気づいてくれますし、その通りにしてくれるはずです。

マニュアルもそうですね。言葉で説明されてもよくわかりませんが、コンピュータの画面の例が載せられていて、「ここをクリック」などとわかりやすく図示してあれば、だれにでも簡単に理解することができます。そういうマニュアルが増えてきたのは、ユーザーにとっては非常にありがたいことです。

58 飲み物を売りたいなら、坂道の上がベスト

私たちは、自分にとって必要なものしか基本的には買いません。いらないものは、たとえ無料でも、やはり「いらない」のです。

なんだか当たり前の話をしてしまって申し訳ないのですが、商売をするのなら、この当たり前のことをきちんと認識しておく必要があります。

たとえば、私が飲料水を扱うお店を出そうと考えたとしましょう。本当にベストな場所といえば、砂漠。砂漠なら、コップ1杯の水が100万円でも売れますからね。とはいえ、私は日本に住んでいるので、次に考えるのは、長い坂道を登り切ったところにある場所。なぜなら、坂道を歩いてきた人は、いったんそこで休もうとするものですし、坂道を歩いていたらのどが渇くに決まっているからです。

のどが渇いていない人は、街を歩いていても、飲み物に関連するものには目もくれません。ところが、のどが渇いている人は、自分ののどを潤してくれそうな看板がすぐに目に入ってきます。こういう現象を、**「選択的知覚」**と呼びます。**私たちの脳は、自分に必要なものにだけ、注意を向ける**のです。

坂道を登ったところに、「冷えた飲み物、あります」という看板を出しておけば、歩行者は絶対に気づきます。そして、ちょっとそのお店で休んでいこうか、という気持ちになります。

オランダにあるユトレヒト大学のヘンク・アーツは、実験参加者の何人かには、ビサルドロップという、塩味の中にほのかな甘味のあるお菓子を食べてもらいました。別の人にはそれをあげませんでした。これは、実験的にのどを渇かせる手続きです。

それから、参加者たちを実験室に招き入れ、インチキなインタビューを行いました。インタビューでは、「リラックスしたいときに何をしますか？」といった適当なことを聞きました。それから実験室を出てきたところで、本当の実験が開始です。「あなたが今いた部屋にあったものをできるだけ思い出してください」と抜き打ちで聞いてみたのです。

その結果、塩味のお菓子を食べて**のどが渇いていた人たちは、グラス、ペットボトル、炭酸飲料の缶など、飲み物に関連するものを、のどが渇いていない人よりも2倍も多く答えた**のでした。

のどが渇いていない人は、机、椅子、パソコンなどと答えたのですが、のどが渇いていた人は、インタビュー中にも、飲み物に関連するものを注意して見ていたのですね。

商売をするのなら、お客の生理的な欲求も考慮しなければなりません。いらないものは、どんなに頑張っても売れませんので、売れる場所で売ることが大切です。

59

直感でやっていいときと、悪いとき

優れた経営者は、直感で行動する、といわれています。

これは本当なのでしょうか。

自分勝手な思い込みで行動すると、痛い目を見たりしないのでしょうか。何かを決断するとき、どうしても時間がないのなら直感に頼るのもやむを得ないとは思いますが、時間的な余裕があるのなら、しっかりと情報を精査して結論を出したほうがうまくいくような気もするのですが、実際のところ、どうなのでしょう。

結論を先にいうと、**直感に頼っていいのかどうかは、その判断が過去の状況と、現在の状況とどれくらい関連性があるのかによって決まります。**

そう指摘するのは、心理学者でありながら2002年にノーベル経済学賞を受賞したプリンストン大学のダニエル・カーネマン。

カーネマンによると、**消防士が火災現場に突入すべきかどうかを判断するときや、会計士や保険アナリストなどは、直感を使ってもよい**そうです。なぜなら、**過去の状況と現在の状況には、非常に高い類似性が見られるから。**こういうケースでは、直感に頼ってもよいのです。

ところが、会社の経営は、直感でやろうとすると失敗します。なぜなら、過去の状況と現在の状況は、似ているようで、まったく違うことのほうが多いから。株もそうですね。株式投資を直感でやろうとすると、たいてい失敗します。

カーネマンによると、入試の面接担当者や、精神科医なども、あまり直感で判断しないほうがよいそうです。過去のケースと現在のケースは、似ていても、多くの要因が違っていることのほうが多いからです。

直感力というものは、経験がどんどん蓄積されることによって磨かれていくものなのですが、毎回、状況が変わって、経験が蓄積できないケースも現実にはたくさんあるのです。そういうケースでは、残念ながら、過去の経験は役に立ちませんし、直感も役に立ちません。

「でも、優れた経営者は、直感で動く、という話をどこかで聞いたことがあるよ」と反論したい読者もいるでしょう。

たしかに、直感に頼って成功した経験者も、探せば見つかるでしょう。けれども、あくまでもそれは例外のケース。**直感に頼って失敗する経営者のほうが、現実にはもっとずっと多い**のです。

直感に頼って失敗した人の事例などは、メディアも取り上げませんし、書籍化もされません。そういう人のケースは、ひっそりと消えていくのです。そのため、そういう人の事例は、あま

NOW!
GO!

り人の目につかないだけ。

競馬やパチンコなどのギャンブルもそうですよね。「私は〇〇で大儲けした」という話はニュースや本になりますが、「私は失敗した」という話は、話のネタにならないのです。現実には損をしている人のほうがずっと多いのに。

物事を判断するときには、成功する事例ではなく、失敗する事例のほうに目を向けるようにしなければなりません。マスコミは、ニュースになるような華々しいことばかりを取り上げたがるので、なおさら気をつけなければなりませんね。

60 お金持ちになりたいなら、クレジット・カードは持ち歩かない

お金持ちになるための、ものすごくシンプルな法則をお教えしましょう。

お金持ちになりたければ、とにかく余計なお金を使わないこと。お金を使っていたら、お金は貯まりません。どんなにお金を稼いでも、散財ばかりしていたら、お金持ちにはなれません。**お金持ちになる人は、とにかくお金を使わない人**です。お金は、使わなければ自然に貯まっていくのです。1滴1滴の水は小さくとも、それがたまりにたまれば大きな池や湖になるのと一緒です。

そこで次に、どうすればお金を使わずにすませられるのかという話になるわけですが、そのためには、**クレジット・カードを持ち歩かない**ことです。なぜかというと、カードがあれば、どうしても使いたくなるからです。

たいていの人は、カードを持っていると、「カードが使えるなら、まあいいか」と財布のひもが緩んでしまいます。**自分でも気づかないうちに贅沢をしたくなる**のです。ですから、そもそもカードを持ち歩いてはいけないのです。

ニューヨーク大学のプライア・ラギュバーは、新しくオープンするレストランの紹介という

予想する注文金額

	ランチ	ディナー
ロゴあり	7.34ドル	12.70ドル
ロゴなし	6.47ドル	10.96ドル

（出典：Raghubir, P. & Srivastava, j., 2008 より）

文書を読んでもらい、「あなたが、このレストランでランチ（あるいはディナー）を食べるとして、どれくらい注文すると思いますか？」と尋ねてみました。

なお、そのレストランの紹介文には、さりげなくクレジット・カードのロゴが入っているものと、入っていないものがありました。「カードが使えますよ」ということを、ロゴによって示すかどうかを操作したのです。すると上の表のような結果になりました。

クレジット・カードが使えるとわかると散財しやすくなることがわかりますね。

カードを持ち歩いていたら、だれでも〝ちょっぴり贅沢〟をしてしまうものです。そういうことをしていたら、いつまでもお金は貯まりません。

現金での支払いは面倒くさいかもしれませんが、それでもカードよりは現金主義で生活したほうが、お金は貯まっていくでしょう。お金持ちになりたかったら、まずはカードを持ち歩かないようにするのが先決です。

第6章

恋愛の心理学

61 ナルシストでサイコパスな人間を演じるとモテる!?

今回のお話は、ちょっと常識から外れるので、軽く読み流していただいてけっこうです。あくまでも知識として覚えておいていただければよく、「そんなのやりたくない」と思うのでしたら、実践しなくてもかまいません。

さて、女性にモテたいと思う男性は多いと思うのですが、そんな読者のためにアドバイスをします。こうするとモテるという方法があるのですが、それは**〝ナルシスト〟で〝サイコパス〟な男を演じる**ことです。

ナルシストというのは、自己中心的でワガママな男のことですし、サイコパスというのは、人をだますことに快感を得て、不誠実で、思いやりに欠け、冷たい男のことです。

「えっ、そんな男性を演じて大丈夫なの!?」と思うかもしれません。なにしろ、常識とはまったく正反対のように思えますからね。けれども、今からする説明を読めば、一応は「なるほど」とご納得いただけるのではないかと思います。

英国ダラム大学のグレゴリー・カーターは、ナルシストでサイコパスな男（極言すれば「最低男」）ほど、なぜか女性の目には魅力的に映ってしまうことの理由を探ってみました。

世の中には、「どうしてこんなにひどい男にくっつく女の子がいるのだろう？」と首をかしげてしまうことが少なくありませんが、カーターはその理由として、**ナルシストでサイコパスな男は、社交的で、堂々としていて、自信があるように見える**からだろう、と指摘しています。

ナルシストもサイコパスも、「自分が一番！」という思い込みをしていることが多いのですが、そういう誤った思い込みを持っているからこそ、人に接するときには、非常に堂々としていられるのです。そういう姿に女性は惹かれてしまうのだろう、とカーターは分析しています。

ですので、本当の意味で、ナルシストやサイコパスになる必要はありません。

読者のみなさんも、**自分に自信を持って、堂々としていればいい**のです。そうすれば女性にもモテます。ちょっとは安心しましたでしょうか。

性格的には、自己中心的でなくともかまいません。他者への気配りを忘れず、思いやりを持っていてもいいのです。ただし、少なくとも外面上は、常に堂々と自信たっぷりに振る舞うようにしてください。そうすればモテますからね。

62 あえて興味のないフリをする

恋愛テクニックのひとつとして、本当は相手のことが好きなのに、あえて冷たい態度をとる、という方法がありますよね。おそらく読者のみなさんも、経験的に「ああ、あれか……」とわかると思うのですが。

「私、あなたのことなんて全然好きじゃないんだからね！」
「誤解しないでくれよ、キミに好意があるわけじゃないんだ」

恋愛系の漫画や小説では、いや映画でも、テレビドラマでも、こうしたやりとりはよく目にします。**相手に興味を見せず、素っ気ない態度をとるテクニック**は、ほとんどお決まりのように見られるものです。

さて、この心理テクニックは、実際のところ効果的なのでしょうか。それとも、あくまでフィクションの世界だけに見られる、特殊なテクニックにすぎず、本当はまったく効果がないとか、むしろ逆効果だったりするのでしょうか。

結論をいうと、ウェスタン・シドニー大学のピーター・ジョナサンによると、このテクニックは**「かなり有効」**とのことでした。

ジョナサンが調べたところ、男性も、女性も、多くの人が相手の気を引く戦略としてこのテクニックを使っていました。たとえ好きでも、わざと気のない素振りをするのは、男女に共通して見られる、ありふれたテクニックだったのです。

とはいえ、そのテクニックの使い方については、男女で違いもありました。

女性の場合、「電話をかける回数を減らす」「あまり話しすぎない」「忙しいフリ」をよく使うのですが、男性は「横柄な態度を見せる」「冷たくする」といった方法を好んで使っていました。

女性はというと、好きな人から食事に誘われてもすぐに飛びついたりせず、じらしながらOKする、という方法を好みます。

男性はというと、好きな女の子には、なぜかいやがらせをしようとします。小さな男の子は、好きな女の子の髪の毛を引っ張ったり、スカートをめくったりしようとしますよね。そんなことをしたら、かえって女の子に嫌われそうなものですが、男の子はそうしてしまうのです。

男女には、このような違いがあるわけですが、どちらも好意を直接的に見せようとせず、むしろ興味のないフリを装ったり、冷たくしたりするという点では同じだといえます。

男女とも好んでこのテクニックを使うということは、もちろん、効果的だからでしょう。もし効果がなかったらやらないはずですからね。

63 タバコとお酒を小道具として使う

私は、ハードボイルド作家の北方謙三さんのファンなのですが、初期の北方作品ではタバコとお酒の描写が必ず出てきます。タバコとお酒を出すことによって、登場人物の男性のカッコよさを際立たせるのが狙いです。

未成年の男の子が、タバコやお酒に手を出そうとするのは、それらの小道具をうまく使うと、女性にモテるということを本能的に知っているからかもしれません。

そういうわけで、女性にモテたいのであれば、タバコとお酒を小道具に使ってみましょう。

健康ブームの昨今の風潮からしたら、まったく逆のアドバイスになってしまうので恐縮ですが、「健康なんてどうでもいいから、とにかく女性にモテたいんだ！」という人は、**タバコとお酒を小道具に使ってみる**のも悪くはないでしょう。たぶん、モテるようになりますよ。

最近でこそ、タバコを吸う人は嫌われてしまうような印象もありますが、昔はそうではありませんでした。タバコを吸っているということは、「大人の男」というポジティブなイメージがあり、女性にもよくモテたのです。

いえ、今でもタバコとお酒をやる男性は魅力的だ、ということを示すデータもあります。

プロフィールを読んだ魅力の評価

	やらない	時々	頻繁
タバコ	4.31	4.83	4.98
お酒	4.04	4.04	5.17

（出典：Vincke, E., 2016より）

ベルギーにあるゲント大学のエヴェリン・フィンケは、ある男性のプロフィールをつくり、それを239名の女性に読んでもらって、魅力を7点満点で聞いてみました。

なお、男性のプロフィールにおいて、趣味のスポーツなどの箇所は同一ですが、タバコとお酒の箇所で、「まったくやらない」「時々やる」「頻繁にやる」と表現を実験的に変えてみました。

すると、それぞれのプロフィールを読んだ女性は、男性を上の表のように評価しました。数値は7点に近いほど魅力が高く評価されたことを示します。

タバコもお酒もやらない人よりは、やる人のほうが魅力は高く評価されたのです。この研究は2016年に発表された論文に基づいているので、比較的最近だということを考えると、今でもタバコとお酒をやる男性はそれなりにモテるのではないか、と考えられます。

「僕はタバコもお酒もやりません」という男性は、健康的ではあるものの、女性には何やら物足りなく見えてしまうのではないでしょうか。それよりも、1人でバーに出かけ、お酒を飲みながら紫煙をくゆらすような男性のほうが不良っぽくて素敵に見える、ということもあるのかもしれませんね。

もちろん、だからといって、タバコとお酒を勧めているわけではありません。この点は誤解しないでください。魅力を高める方法は他にもたくさんありますから、そちらを使っていただいてもまったくかまいません。

64 よい香りを使う

香水、コロン、デオドラント、フレグランス……。いろいろと名称に違いがあるということは、おそらく成分や製造方法などに違いがあるのでしょうが、オシャレに詳しくない私にはよくわかりません。

ただし、どんなものであれ、よい香りがするのであれば、それを身体にふりかけるようにすればすぐにも恋愛上手になれますよ、ということはわかります。なぜかというと、**よい香りのする人は異性によくモテる**からです。

英国リバプール大学のクレイグ・ロバーツは、男子大学生を35名集めて、18名には市販のデオドラントスプレーを手渡し、よい香りをふりかけてもらいました。いったい、具体的にはどんな香りのするスプレーだったのかは、残念ながら論文に書かれておりませんでしたのでご紹介できません。残りの17名には無臭のスプレーを自分の身にかけてもらいました。

それからビデオに向かって、自己紹介をしてもらいました。そのビデオを8名の女性の判定者に見せて、魅力に得点をつけてもらったのです。

その結果、事前によい香りのするスプレーを使った男性のほうが、女性には魅力的と評価されることがわかりました。

「あれっ、女性の判定者は、ビデオで男性の自己紹介を見たのだから、よい香りがするかどうかなど、わからなかったのでは?」と思いますよね。

そうです、よい香りのスプレーは、実は、女性にではなく、それをふりかけた男性に影響していたのです。

よい香りのするスプレーを使った男性は、自分のことを魅力的な男だと思うようになりました。そのため、ビデオに向かって自己紹介するとき、堂々と、自信のある振る舞いをするようになり、そのビデオを見た女性からも魅力的に映ったのですね。

よい香りは、相手にではなく、自分の心を変えるわけです。

「こんなにいい香りがするなんて、俺ってイケメン」という思い込みが強化され、話し方や身振りも変わるので、結果として、相手にも好かれるようになるのです。

もし引っ込み思案であるとか、異性に積極的に出られないということで悩んでいるのなら、まずはよい香りのするものを買ってきてください。香りは、自分の好きなものを選んでかまいません。自分の思い込みを強化するのが目的ですから、相手の好きそうな香りを推測する必要はないのです。

ただし、よい香りをふりかけるといっても、ほんの少し香るくらいで十分ですよ。

65 ダンスを習う

一般的に、習い事といえば、スイミングや空手、ピアノ、書道、プログラミングなどをイメージするとと思うのですが、「習うのであれば、これをぜひ！」とおススメできるものがあります。

それは、ダンス。

なぜ、ダンスを習うとよいのでしょうか。

その理由は、**ダンスのできる男性はモテる**から。男性にとっては、女性にモテること以上に重要なことはありません（言いすぎですね）。

インターネットを使って、「ダンス」「モテる」で試しに検索してみると、「ダンスを習ったからといって、モテるわけではない」という結果が真っ先にあがってきましたが、これはウソ。

心理学のデータによれば、ダンスのできる男性はモテるということが明らかにされています。

ドイツにあるゲッチンゲン大学のベティーナ・ウィージは、19歳から33歳の50名の女性に、2人の男性のダンサーが、ダンスをしているビデオを見てもらいました。

ただし、その2人の男性のダンスのうまさは違います。片方はダンスがとてもうまいのですが（動きが大きく、全身の動作のバリエーションも豊富）、もう片方はというと動きも悪く、下手くそでした。

　女性がどちらをどれくらい見つめるのかを視線追跡装置で計測してみると、うまいダンサーを見つめる時間は5365・95ミリ秒。それに対して下手くそなダンサーを見つめる時間は2944・53ミリ秒。**女性は、ダンスのうまい男性のほうに目を奪われる**のです。

　さらに、ビデオを見てもらったあとで、魅力や男らしさなどの得点をつけてもらいましたが、やはり**ダンスのうまい男性のほうが、魅力的で、しかも男らしい、という評価を受ける**こともわかりました。ダンスのうまい男性は、明らかにモテるといってよいでしょう。

　そういうわけで、これからなんでもいいから何か習い事をしようと考えている人は、ダンス教室がよいのではないかと思いますよ。

　身体を動かすのは単純に気持ちがいいですし、激しい動きをするダンスであれば、ダイエット効果も期待できます。さらには異性にもモテるようになるのですから、こんなにいい習い事はないと思います。

　最近では、自宅で簡単にできるダンスを紹介している動画なども配信されておりますので、そういうものを利用して独学してみるのもいいかもしれませんね。

66

犬を飼う

読者のみなさんに、ひとつ質問です。みなさんは、ペットに犬（ワンちゃん）を飼っていたりしますか？　もし飼っているというのなら、おそらくはそれなりに「モテ度」も高いでしょう。自分では気づいていないかもしれませんが。

もし犬を飼っているのなら、女性と会話をするときには、犬のことをどんどん話題に出してください。犬種はなんでもかまいません。テリアでもチワワでも柴犬でも。犬を飼っていることをアピールできれば、それでよいのです。

そんなことをすると何が起きるのかと思いますよね。

実は、**犬を飼っていると女性にモテモテになる可能性が高くなる**のです。

イスラエルの単科大学ルッピン・カレッジのシーゲル・ティファレットは、平均25・5歳の女性100名に、犬を飼っている男性と、犬を飼っていない男性のプロフィールを読んでもらい、短期的なお付き合い（一晩だけのお付き合い）と、長期的なお付き合い（結婚する）の相手として、どれくらいふさわしいと思うのかを尋ねてみました。

その結果、**犬を飼っている男性のほうが、一晩限りのアバンチュールの相手としても、結婚**

相手としても、どちらでも好ましいと思われることがわかりました。

どうしてそうなるのでしょう。

ティファレットによると、**犬を飼っていると、「この人は面倒見のいい人だ」「養育的な人だ」という好ましいイメージを連想させる**から。

犬の面倒を毎日きちんとやっているということは、異性との付き合いでもきちんとしてくれそう、と思ってもらえるのですね。

こういう理由により、**犬を飼っている男性はモテる**のです。

わざわざ女性にモテるためだけに犬を飼う必要はありませんし、そんな理由では飼われる犬もかわいそうですが、もしたまたま犬を飼っているというのでしたら、そのことはどんどん話題に出したほうがいいですよ。

もちろん、相手が男性でも話題に出しましょう。動物が好き、という人にはあまり悪い人はいませんので、同性にも好ましい印象を与えることができますからね。

67

ギターケースを持ち歩く

女性にモテる職業というものを考えてみた場合、真っ先に頭に思い浮かぶのはミュージシャン。ミュージシャンというと、そんなにメジャーでもないグループのメンバーでも、少しくらいブサイクでも、取り巻きのファンに囲まれ、キャーキャーと騒がれているように思うのですが、読者のみなさんはそういうイメージを持ちませんか。

ということはですよ、ひょっとするとミュージシャンでなくとも、「ミュージシャンっぽく見える」だけで異性に好かれたりはしないのでしょうか。

現実はそんなに甘くないよな、と思っていたところ、いやいやそうでもないみたいですよ、ということを示唆する研究を見つけてしまいました。

フランス・南ブルターニュ大学のニコラス・ゲガーンは、20歳の男性アシスタントを街中に送り込み、1人で歩いている女性に声をかけて電話番号を聞き出す、という実験を試みました。声をかけたのはのべ300人の若い女性。3つの条件で声をかけたので、ひとつの条件では100名ずつになります。

ひとつ目の条件では、**男性は手にアコースティックギターのケースを持っていました。この**

とき、電話番号を聞いてみると31人の女性が教えてくれたのです。ただギターケースを持っているだけで3割の女性が電話番号を教えてくれたのですから、これはかなり有効なテクニックだといえるのではないでしょうか。

2つ目の条件では、スポーツバッグを手に持って電話番号を聞きました。けれどもこのときには教えてくれたのは100人中9人。

3つ目の条件では、何も持たずに電話番号を聞いたのですが、このときには100人中14人。つまり、**同じ男性でも、「ギターケースを持っている」だけで、いきなり女性に3倍くらいモテるようになってしまう**のです。驚きの結果ですね。

音楽を覚えたり、楽器を演奏できるようになるのは、自分も楽しいと思うので、おススメです。楽しいうえに、さらに異性にモテるということになれば、練習にも熱が入ろうというものではありませんか。

ただし、練習するのが面倒だという人は、ただギターケースを持ち歩くだけでもかまいません。ミュージシャンっぽく見えるだけで、モテるようになるからです。

68 出会いの場に出かけるなら「閉店間際」を狙う

ニューヨークやロンドンには、独身の男女が集まって自由に会話をする「シングルスバー」というバーがあります。

日本でも、「シングルスバー」と検索すればいくつか見つかるようになりました。今はまだ、日本には大きな都市にしかないようですが、シングルスバーというわけではなくとも、探せば意外に「出会いのためのバー」を見つけるのは難しくありません。

さて、そういうバーに出かけるときには、ひとつ覚えておいてほしいことがあります。マナーやエチケットではありません。**出向くタイミング**です。

心理学的にいうと、もっともベストな入店タイミングというのがあり、それは〝**閉店間際**〟。閉店間際だと入店を断られそうだというのなら、〝**なるべく遅い時間**〟といってもよいでしょう。

そういう時間に出向いたほうが、声をかけてもいやがられませんし、メールやラインのアドレスをゲットできる見込みは高くなりますし、お付き合いできる可能性も高まります。

なぜ閉店間際がいいのかというと、**閉店が近づけば近づくほど、男女とも、だれとも知り合**

時間帯別の店内にいる異性の魅力

お客の性別	午後9時	午後10時半	午前0時
女性	2.64	2.92	3.60
男性	3.31	3.81	4.23

＊お店の閉店時間は午前０時
（出典：Johnco, C., et al.,2010 より）

いになれないまま帰路につくのはイヤなので、「この際、だれでもいい」という心理になりやすくなるから。

オーストラリアにあるマッコーリー大学のカーリー・ジョンコは、シングルスバーにやってきているお客に対して、時間帯を変えながら、「今、店内にいる異性の魅力に5点満点で点数をつけてほしい」とお願いしました。

すると、**閉店時間が近づけば近づくほど、店内の異性が「イケてる」と思うようになる**ことがわかったのです。

閉店時間が近づくほど、男性はイケメンに、女性は絶世の美女のように見えてきてしまうことがよくわかるデータですね。なぜ魅力的に見えるのかというと、「もうだれでもいい」と思うからに他なりません。期待値がずいぶん下がるのです。

BAR

もしオープンしたばかりの時間に入店してしまうと、異性を見る目は非常に厳しいでしょう。「ひょっとすると、もっといい人と出会えるかもしれないから……」と思いますので、声をかけても冷たくあしらわれる可能性が高くなります。ですから、そんな時間に入店してはいけないのです。

出会いのバーに出向くのなら、できるだけ遅い時間に。このルールをしっかり守って出かけましょう。

69

参加者の少ない街コンを選ぶ

日本の少子化が問題になっていることは、読者のみなさんもご存知の通り。出生率がこれ以上に低くなると、日本という国が立ちゆかなくなってしまいます。そのためでしょうか、少子化を危惧したお役所は、若い男女に出会いの場を提供する「街コン」をどんどん主催するようになりました

出会いを求めるのであれば、そういう街コンに積極的に参加してみるといいでしょう。「下手な鉄砲も数撃ちゃ当たる」といいますし、たくさん参加すればするほど、いい人と巡り合う可能性は高くなります。

さて、そんな街コンなのですが、参加するにあたって、「これだけは気をつけて」という点があることをご存知ですか?

それは参加人数。どうせ参加するのであれば、**できるだけ少人数のイベントを狙う**ほうがよいでしょう。男女合わせて数百人規模の大きなイベントよりは、せいぜい10人くらいの小さなイベントに参加するのがポイント。

英国エディンバラ大学のアリソン・レントンは、84回分の出会いのイベントに参加した男性

１８７０名、女性１８６８名についての分析を行ったことがあるのですが、小さなイベントと大きなイベントでは、異性の選び方が違ってくることを突き止めました。

大きなイベントでは、異性を選ぶときに、身長、体型、外見で選ぶ人が増えました。「見た目重視」です。ところが、**小さなイベントでは、「内面重視」で選ぶ**人が多かったのです。

大きなイベントでは、参加者が多すぎるので１人ひとりとおしゃべりする時間がそんなにとれません。そのため、異性を判断する基準が、どうしても見た目だけになってしまうのです。他に判断のしようがありませんからね。

小さなイベントでは、全員の参加者と比較的ゆっくりおしゃべりすることができます。ですから、異性を判断するときにも、外見だけでなく、相手の性格やモノの見方のようなものも判断材料にしてくれるのです。

というわけで、よほど自分の見た目に自信があるのなら別ですが、そうでないのなら大きなイベントは避けたほうがいいのです。**小さなイベントに参加したほうが、参加者１人ひとりと親密になれますし、うまくいく可能性も高い**からです。

「男女定員１００名」よりは「男女定員50名」のほうがいいですし、「男女定員50名」よりは「男女定員30名」のほうがよいわけです。街コンに参加するときの、ちょっとしたルールとして覚えておきましょう。

第7章

心と身体の健康の心理学

70 若いと思い込む

長生きをしたいのなら、「自分はまだまだ若い」と思い込みましょう。

若いと思っていると、身体も活性化してきて、生き生きとしてくるものだからです。

フランスにあるモンペリエ大学のヤニック・ステファンは、1995年から1996年と、2004年から2005年に行われた全米の中高年生活調査（3209名）と、2008年と2012年に行われた健康と退職研究（3779名）と、2011年と2013年に行われた健康と加齢傾向調査（3418名）の大規模調査のサンプルで、「どれくらい自分が若いと思うか？」ということと、さまざまな病気へのかかりやすさの関係を調べてみました。

すると、3つすべての調査で、**実際の年齢よりも「自分は若い」と思っている人ほど、病気になりにくい**ことがわかりました。本人の思い込みは、とても重要なのです。

年齢を感じさせるものは、できるだけ隠すようにするのもいいですね。

たとえば、白髪。

髪に白いものが混じっていると、否応なく自分の年齢を思い出してしまいますので、できるだけ白髪は染めるようにしたほうがいいと思います。

ハーバード大学のローラ・スーは、47名の女性（平均42・7歳）に実験参加をお願いし、地元のヘアサロンに協力してもらって、髪を染める前後の写真を撮らせてもらい、また、髪を染める前後の血圧も測定させてもらいました。

その結果、**白髪を染めたあとでは、47名中46名が「若く見えるようになった」と答え、しかも血圧も下がった**のです。

白髪が生えているのを見ると、どうしても年齢に気づかされてしまいますから、そういうものはできるだけ隠したほうがいいのです。

そうそう、もうひとつだけアドバイスすると、毎日の服装もできるだけ若く見えるものにするといいですね。若く見える服装をしていると、心理的にも若々しい気持ちになってきますから。

何十歳も若く見える服装をしていたら、さすがに周囲の人に笑われてしまうかもしれませんが、実年齢より5歳くらい若く見える服装なら、だれにも笑われません。それくらいの服装をするといいですよ。

「私も老けたな……」と思っていると、本当にどんどん老けてしまいますし、身体のほうもなんだか調子が悪くなってしまいますので、「私はまだまだ若い」と思い込むことがとても大切です。

71 ストレス解消には、皿洗いがよい

気分がムシャクシャするとか、理由もないのにイライラしてしまうとか、偏頭痛がするとか、仕事に集中できないとか、気分が盛り上がらないというとき、気持ちを簡単にリフレッシュする、まことに霊験あらたかなテクニックがあります。

「これをすると一瞬で気分爽快になれる」という、魔法のようなテクニックがあるのです。どうです、もしそんな方法があるのなら、ぜひ自分でも試してみたいと思いませんか。しかも、この方法、まったくお金がかからず、だれにでも手軽にできるものなのですよ。

では、じらさずに答えを言いましょう。

その方法とは、「皿洗い」。

「えっ、皿洗いって、あの皿洗いですか?」と思いますよね。食事をしたあとの、汚れたお皿をじゃぶじゃぶ洗う、あの皿洗いのことです。

フロリダ州立大学のアダム・ハンリーは、**皿洗いをすることによって、集中力、活力、意志力、ポジティブな気持ちの増進が見られる**ことを実験的に確認しています。また、ハンリーによると、**皿洗いをすると、怒りやイライラ感は減少する**そうです。

どうして、皿洗いにこれほどの効果があるのでしょうか。

その理由は、皿洗いをするには、皿を割らないように注意しなければならず、皿洗いに集中していれば、少なくともその間は、**頭の中の余計な悩み事などがきれいに吹き飛ぶ**から。これがリフレッシュ効果をもたらすのです。

最近、流行りの「マインドフルネス」というテクニックは、「今、ここ」だけに集中するトレーニングなのですが、瞑想のようなものは、慣れない人にはけっこう大変です。どうせすぐに雑念ばかりが浮かぶに決まっています。

その点、**皿洗いであれば、だれでもその行為に集中することができ、マインドフルネスと同じような効果が得られます。**

推理作家のアガサ・クリスティは、皿洗いが大好きだったといいます。皿洗いをすることによって、お皿がキレイになるだけでなく、頭の中もクリアになったからでしょう。

汚れたお皿は、自動食器洗い機にすべておまかせしている人も少なくないと思うのですが、それはもったいないですね。皿洗いをすると、気分もスッキリするのですから、ぜひ自分の手でやったほうがいいのです。

「汚れたお皿を洗うだけでは、すぐに終わってしまう」と言う人もいるでしょう。特に独身者では、そもそもそんなに何枚ものお皿を使った食事もしないでしょうからね。

もし皿洗いが少なすぎるというのでしたら、他の掃除でもかまいません。

お風呂掃除でも、トイレ掃除でも、掃除をしている最中には、そちらに集中して、無心になることができるでしょうから、終わったあとには、気分が爽快になっていると思いますよ。

掃除をすれば家じゅうがキレイになりますし、一石二鳥ですね。

72 ストレスを感じたら、緑の多いところをウォーキング

仕事にしろ、家事にしろ、育児にしろ、ストレスを感じずに生活している人などいません。ストレスの度合いは多少違っても、だれでもストレスを感じながら生活をしているはずです。その意味では、だれにでもストレスによって心が壊れてしまう可能性があるわけです。いつ何時、ストレスや過労で倒れてもおかしくないわけですから、恐ろしいですね。

では、どうすればストレスをうまく解消できるのでしょうか。

だれでも簡単にできる方法は、**ウォーキング**。ただ歩くだけでもいいのですが、できるだけ**緑の多いところがベスト**。そういうところを、トコトコと歩くようにすると、心のストレスは相当に軽減されます。

緑には、心を癒やす働きがあります。疲れたときには、とにかく自然の多いところを探して、そういう場所に身を置くようにしてください。

ミシガン大学のマーク・バーマンは、38名の男女に、まずはストレスを感じさせる作業をやらせました。「5―4―7―2」という数字が読み上げられたら、すぐにその順番をさかさまにして、「2―7―4―5」のように復唱しなければならない、という作業です。この作業を

35分間、144回もやらせることで、まずは精神的にヘトヘトにさせたわけです。

実験とはいえ、かなり苦痛ですね。

作業が終わったところで、バーマンは、参加者を2つのグループに分け、ひとつのグループには緑の多い公園の中をウォーキングしてきてもらいました。もうひとつのグループは、建物だらけの都市部をウォーキングしてきてもらいました。時間はどちらも約1時間です。

ウォーキングから戻ってきたところで、もう一度同じ作業をしてもらったのですが、緑の多いところをウォーキングしてきたグループでは、最初と同じくらいの得点を出せました。緑によって疲労も回復していたのです。ところが、都市部をウォーキングしてきたグループでは、最初と同じようにはうまくできませんでした。

緑には疲労回復の効果があるのです。

ですから、「ちょっと疲れたかも?」というときには、気分転換に近所の緑の多い公園などをウォーキングすればよいのです。1時間もウォーキングをすれば、頭もスッキリして、やる気も復活しますよ。

なんだか身体が重いとか、しょっちゅう偏頭痛が起きるとか、やる気が出ないとか、食欲が出ないとか、朝起きられない、というのは、すべてストレスが原因です。そういう症状が出ているのなら、なおさらウォーキングしてください。

73 感情コントロールのコツは、実況中継

感情に振り回されないコツは、自分の感情に「ラベル」を貼って、自分が今どのような感情なのかを正しく理解することです。そうすると、感情的になって怒鳴り声をあげたりしなくなります。

人に会っているとき、腹が立つことがあるような状況では、**自分の感情についての実況中継**を心の中でやってみてください。たとえば、次のように。

「私が感じているのは、『怒り』の感情のようです。おっと、さらに怒りの感情の度合いが高まりました。おそらく、相手が不愉快な顔をしているからでしょうか。先ほどまではレベル1だった怒りが、レベル3にまで高まりました。これは危険水準です！」

こんな感じで、**自分の感情に向き合うようにすると、我を忘れて怒ったりはしなくなります。**

人に会うと、あまりに緊張しすぎてパニックになってしまう人も、自分の感情についての実況中継をするといいですね。

「ああっ、またしても緊張しております。心臓がバクバクと高鳴ってまいりました。いつものこととはいえ、やはり慣れません。おっと、声も震えているでしょうか。緊張というよりは、

恐怖やおびえに近い感情といってよいでしょう。まさに猛獣を前にした小動物のようでありま
す」

こんな具合に、**自分がどんな感情でいるのかの実況中継をしていると、わりと冷静さを保つことができます。**

私も人前で話すときには、いつでも緊張するので、こういう実況中継を心の中でやっていま
す。すると不思議なことに心が落ち着いてくるのですよ。

カリフォルニア大学ロサンゼルス校のマシュー・リーバーマンは、怒りや恐怖を感じたとき、**自分がどんな感情なのかに目を向けるようにすると、感情に巻き込まれなくなる**ことを確認しています。

リーバーマンは、怒りや恐怖を感じている人の脳波をMRI装置を使った磁気共鳴機能画像法（fMRI）という方法で調べてみたのですが、**自分の感情にラベルを貼るようにすると**（私が感じているのは「怒り」だな、というように）、**ネガティブな感情にかかわる扁桃体や大脳辺縁系の活動を抑制できる**ことがわかりました。

自分の感情の実況中継をしていれば、脳もそんなに激しく活性化しなくなるのです。つまりは、**冷静さを保つことができる**といえるのですね。

お客からクレームをつけられているときなども、口では、「すみません、すみません」と謝

りながら、心の中では実況中継をやりましょう。

「私は今、理不尽なお叱りを受けております。いったいこのお叱りはいつまで続くのでしょうか。本当に、まいった、という感じであります」などと実況中継していれば、そのうちお客も疲れてきて、文句を言うのをやめてくれるかもしれません。

何にでも過敏に反応してしまう人は、ぜひこの実況中継を試してみてください。かなり役に立つ方法ですからね。

74 迷ったら、「やる」

何かをしようかどうかで迷ったら、必ず「やる」ほうを選択してください。

なぜかというと、そのほうが後悔は少ないから。

たとえば、だれかを好きになり、告白しようかどうかで悩むのだとしたら、「告白する」が心理学的には正しい選択です。告白すれば、少なくともお付き合いできる可能性はゼロではありません。告白しなければ、お付き合いできる可能性はゼロです。そして、もしうまくいかなくとも、告白して断られれば、あきらめもつきます。告白しないと、いつまでも悶々として、後悔の念にさいなまれ続けます。

後悔には、何か「した」ことから生じる後悔と、何かを「しなかった」ことから生じる後悔の2種類があるのですが、**ずっと長く尾を引くのは「しなかった」後悔**です。ずっと後悔が続くのですから、スッキリするためにも、**迷ったら「する」を選んだほうがいい**のです。

コーネル大学のケネス・サヴィツキーは、114名の男女に電話インタビューをし（平均44・8歳）、人生で後悔していることについて尋ねてみました。

その結果、「できなかったこと」や「やらなかったこと」を最大の後悔と答える人の割合は

60・5％。「やったこと」に後悔しているのは39・5％でした。
どうせ後悔するのなら、やってからのほうが後悔は小さくてすむのです。
また、サヴィツキーは、**年齢が上がるほど、やらなかった後悔が大きくなる**ことも突き止めています。やらなかった後悔は平均60・5％でしたが、年齢を上位4分の1（62歳以上）に限ると、なんと「やらなかったこと」を後悔している人は69・0％に高まったのです。

迷ったら、やってください。

しかも、今すぐに。

「引退したら、海外旅行に行きたいな」と思うのなら、今年、行ってください。そうしないと、年をとってから「ああ、若いうちに行っておけばよかったな」と後悔するハメになります。

結婚しようかどうか迷うのなら、結婚してください。結婚してうまくいくかどうかなど、いくら考えてもわかるわけがありません。とりあえず結婚して、もしどうしても合わないのなら、結婚を解消すればいいだけの話です。あとになって「結婚しておけばよかった」と後悔することのないように。

人間は、どんな選択をしても、どんな道を選んでも、それなりに後悔をするものです。けれども、何かを「する」ことによって生じる後悔は、傷が浅くてすむのです。

75 思い込みで、人は「死ぬ」ことさえある!?

「雨の日には、ヒザが痛くなるんだよな」と信じている人は、本当に雨が降ってくると、ヒザが痛くなってきます。「年末になると、毎年ひどい風邪をこじらせるんだよな」と思っている人は、やはり今年も年末になれば風邪をひくでしょう。

私たちの身体は、心と連動しています。

そのため、**何らかの思い込みを持つと、それが身体を害する**のです。いつまでも健康的でいたいのなら、おかしな思い込みを持たないことが大切です。

ヒザが痛んだり、風邪をひいたりするくらいなら、まだそれほどの害でもありません。許容できる範囲ですからね。

けれども、**思い込みによって人は死んでしまうこともある**、という話を聞いたらどうでしょうか。思い込みで心臓が止まってしまう、ということは本当にあるのですよ。

カリフォルニア大学サンディエゴ校のデビッド・フィリップスは、なんとも不吉な研究を行っています。

フィリップスは、日本人と中国人が「4」という数字を忌み嫌っていることに興味を持ちました。そのため、日本人と中国人は、「4」がつく数字の日に死んでしまうことが多いのではないか、という仮説を立てたのです。

この仮説を検証するため、1973年1月1日から1998年12月31日までの、日本人と中国人の死亡統計約20万人分と、白人の死亡統計約4700万人分の比較を行ってみたのです。

その結果、**日本人と中国人は、「4」のつく数字（4日、14日、24日）の日に、心臓病関連の病気で死にやすい**ことがわかりました。特に心不全での死亡率は、4のつく日には、その他の日よりも13％も増加していました。カリフォルニア州に限ると27％もの増加が見られました。**白人にはそういう日付の影響はありません**でした。

1人、2人くらいが「4」のつく日に死んだのなら、「まあ、そういうこともあるか」と受け流せますが、20万人分の統計データではっきりとこういう傾向が見られたわけですから、思い込みによって人が死ぬ、ということはほぼ間違いないといってよいでしょう。

「キング・オブ・ロックンロール」と称されたロック歌手のエルビス・プレスリーは、お母さんが大好きでした。そのお母さんはというと、46歳という若さで亡くなってしまったのですが、そのためでしょうか、プレスリー自身も「私は早く死ぬだろう」とおびえ続けていたそうです。

結局、彼は42歳のときに心臓発作で突然死してしまいました。「40代での死」も「死因」も大好きなお母さんとまったく同じでした。

プレスリーが突然死したのは、単なる偶然とは思えません。もし自分も早死にするだろうなどと思い込んでいなかったら、もっと長生きできたのではないかと思います。

もし読者のみなさんのご両親が早くに亡くなってしまっていても、「だから私も……」などとは考えないほうがいいですよ。そんなことを考えていると、本当に心臓が止まってしまいますので、本当に気をつけてください。

76 一生懸命に働くと、長生きする

どんな業種の、どんな仕事であっても、本気で取り組めば、必ず昇進、昇給していくものです。頑張って働いているのに、まったく報いてもらえない、ということは通常あまりありません。よほどのブラック企業は別ですが。

がむしゃらに働いていると、その姿は絶対に評価してもらえます。「あいつ、頑張るよなあ」と感心してくれる人は、どこかに絶対にいるはずで、どんどん出世していきます。

秀吉が織田信長に仕えたとき、最初はものすごくつまらない仕事ばかりを与えられましたが、秀吉は絶対に手を抜きませんでした。くさったり、文句を言ったりせず、全力で取り組み、その姿勢を信長に評価されて引き上げられたのでした。

お金持ちになるコツは、とにかく与えられた仕事に手を抜かず、全力で取り組むことです。泥臭く、汗水をたらして頑張っていれば、どんな人でもお金持ちになれるのです。手抜きをしたり、ダラダラしたりしているから、いつまでも給料が上がらないのです。

さて、お金持ちになると、「おまけ」の効果も期待できます。

それは、長生き。**お金持ちになると、長生きできる**ようになるのですよ。

スタンフォード大学のラジ・チェッティは、米国の１９９９年から２０１４年までの家計の収入と寿命のデータの関連性を調べてみました。のべ14億人分（平均53歳）の膨大なデータです。

その結果、**収入が多くなるほど、明らかに長生きできる**ということがわかりました。トップ１％に入るお金持ちと、最下位１％に入る人だけを抜き出して比較すると、なんと14・６歳もの寿命の差があったのです。

どうしてお金が寿命を延ばしてくれるのでしょうか。

その理由は、**お金があれば、人生におけるたいていの問題は解決できるものであり、そんなに心配もせずに生活できる**からです。

お金がないと、気にしないようにしても、やはり心のどこかで不安を抱え続けることになりますよね。それが積もり積もって、精神的な負担になり、長い目で見ると寿命を短くしてしまうのです。

というわけで、当たり前の結論になってしまって申し訳ないのですが、とにかく毎日頑張って働きましょう。どんな仕事でも全力で取り組みましょう。そうこうしているうちに出世もするでしょうし、少しは貯金もできるようになります。そしてお金に余裕が出てくると、心の余裕も出てきて、カリカリ、イライラせずに人生を送ることができるのです。

77 健康マニアにならない

健康にものすごくうるさい人がいます。あれを食べてはダメ、これもダメとものすごくうるさいのです。健康関連の本もびっくりするくらい読み込んでいます。食事については栄養学者も顔負けの知識を持っていますし、医学についても相当な知識を持っています。

さて、ではこういう人は本当に幸せでしょうか。

どうもそうではないのではないか、と私などは考えてしまいます。

健康についての本を読むたび、かえって自分の健康に対して不安を抱えてしまうのではないかと思うのです。

「医学生症候群」（「インターン症候群」ともいいます）という専門用語があります。

医学生は、いろいろな病気とその症状を学ぶわけですが、そういう勉強をすればするほど、自分もその症状に当てはまるように感じてしまい、「私も病気なのでは？」と思うようになってしまう現象のことを指します。

サウジアラビアにあるタイフ大学のサミヤー・アルサグフィは、医学生195名と、他の学部の200名の調査を行って、**医学生のほうが、糖尿病、高血圧、ガンなどにおびえやすくな**

ることを明らかにしています。

医学の勉強などをしていると、自分が病気になったように感じてしまうことがあるのです。健康マニアの人にも、この医学生症候群と同じような現象があらわれるのではないか、と私は考えています。ですから、そんなに健康について詳しくなろうとしないほうがいいと思うのです。

私は心理学者ですので、心理学の本が売れてくれるのは単純にうれしいのですが、それでも「心理学の本はあまり読まないほうがいいかもしれない」とも感じることがあります。心理学や精神医学の本を読んでいると、「私にも、心の障害があるのではないか?」と思ってしまうことがあるからです。

世の中には、**〝知らないほうがかえって幸せ〟**ということはよくあります。

健康について関心を持つことはよいことだとは思うのですが、**度を越した健康マニアは、健康を心配するあまり、かえって不健康になってしまう危険性がある**ことも覚えておくといいでしょう。

テレビで、健康関連の番組を見ていると、「ひょっとすると自分もガンなのでは?」などと不安になってしまうことはありませんか。そうやって不安を感じるくらいなら、最初からそういう番組は見ないほうがいいのです。特に、影響されやすい人は気をつけてください。

78 とりあえずダイエットする

生きていくうえで一番重要なのは、自分に自信を持つことです。自信が持てないと、生きていく気力や活力も持てません。「私はダメ人間だ」「私はクズだ」と思っている人が、幸せに生きていけるわけがないのです。

では、どうすれば自分に自信を持てるようになるのでしょうか。

ひとつの方法は、**ダイエット**。

なぜかというと、**身体にムダなぜい肉がつけばつくほど、私たちの自信は失われていく**からです。

体重と自尊心の関連性を調べた研究はたくさんあるのですが、米国バーモント大学のキャロル・ミラーはそういう研究を71個見つけ出しました。その71の研究を総合的に分析し直したところ（「メタ分析」といいます）、**「体重が重くなるほど、自尊心は低くなる」**というはっきりとした傾向が確認されました。

太ってくると、自信が持てなくなるのは、ほぼ確実だといえます。

ですので、**自信をつけるためのてっとり早い方法は、とにかくダイエットすること**なのです。

だいたい、男性でも、女性でも、中高年になってくると自尊心が大きく下がります。なぜこの時期に、多くの人が自信を失うのかというと、体重が増えてくるから。

若い頃には、多少、暴飲暴食をしても体型はあまり変わりませんが、中高年になると、どんどん太っていくのです。そのため、体重の増加と反比例するように、自信のほうはどんどん下がってしまうのです。

もちろん、中高年になっても自信が大きく下がらない人もいます。そういう人は、食事に気をつけたり、運動をしたりしている人。つまり、肥満にならないように気をつけている人なのです。

好きなものを、好きなだけ食べていたら、これはどうしたって太りますよ。太るだけならいいのですが、それによって自信を失ってしまうと、人生が惨めになります。

お風呂に入るたび、自分の醜い身体を見て、がっかりしていたら、自分に自信を持ちたくとも、持てるわけがありません。ですから、とりあえずダイエットしてみることが先決なのです。

食事を減らすだけでなく、運動習慣もつけましょう。**運動をするようにすれば、健康になって長生きもできますし、自信も高まっていく**ので一石二鳥です。

毎日、生き生きとした生活を送りたいのなら、太りすぎにはくれぐれも注意してください。みっともない体型なのに自分に自信を持てるということは決してありませんから。

79 週末でも同じように生活する

野球選手のイチローは、小学校3年生から中学校3年生までの7年間、1年間に363日バッティングセンターに通って特訓していたそうです。

1年間に363日……、残りの2日が気になります。

その2日とは、バッティングセンターが休業するお正月の2日間でした。

イチロー選手が日本でもメジャーでも大活躍できたのは、ひとえにイチロー選手が練習の鬼であり、毎日のリズムを崩さなかったから。毎日のリズムを崩さなかったがゆえに、毎年コンスタントに高いパフォーマンスを維持できたのではないかと思います。

たいていの人は、平日には頑張りますが、休日はどうでしょう。

おそらく、思いきりハメをはずして遊んでしまうのではないかと思います。

もちろん、たまには遊んでもかまいません。うるおいのない人生なんておもしろくありませんからね。ですが、「遊びすぎ」は禁物。なぜかというと、遊びすぎると、翌週の月曜日がものすごく大変になるからです。

週末に生活のリズムが狂ってしまうと、月曜には調子を落とします。やる気も出ません。ブルーマンデーというやつです。そういう苦しい思いをするくらいなら、いっそのこと週末も平日と同じように生活をしたほうがいいのです。

オーストラリアにあるアデレード大学のアマンダ・タイラーは、**週末に夜ふかしすると、体内のサーカディアンリズム（概日リズム）が崩れて、余計にキツイ思いをする**ことを実験的に確認しています。

タイラーは健康な16人の参加者を2つに分け、週末も平日と同じ時間に眠ってもらう条件と、週末に3時間の夜ふかしをしてもらう条件での比較を行いました。その結果、3時間の夜ふかしをすると、翌週の月曜に眠くなり、疲労も感じやすくなることがわかったのです。

「わ〜い、日曜だ！　徹夜でゲームでもやろう！」などとはしゃぎすぎると、月曜に大変な思いをしますので気をつけてください。

私は、週末でも仕事をしています。もちろん、平日ほどにはやりませんが、それでも資料を読んだり、軽く原稿を書いたりしています。

年末年始もそうです。それは私が仕事熱心だからではなく、**月曜にイヤな思いをしたくない**ためです。

生活のリズムは崩さないほうがいいですよ。そのほうが身体的にも精神的にもラクをすることができますからね。

80 小さな池で暮らす

「井の中の蛙大海を知らず」という言葉があります。一般には、ネガティブなニュアンスで、自分よりも優秀な人がいくらでもいる、という意味で使われます。

けれども、井の中の蛙のどこが悪いのでしょう。わざわざ大きな場所に出て行って、自分の小ささ、惨めさに気づかされるくらいなら、むしろ井の中で「僕は大きいんだ」とふんぞり返っていたほうが、よほど幸せなのではないかと思います。

心理学には、「井の中の蛙」と似たような用語があります。

「小さな池の大きな魚効果」（ビッグ・フィッシュ・リトル・ポンド効果）というのですが、小さな池で暮らしている魚は、自分が大きいと感じるという意味です。

たとえば、ほどほどに優秀な人がいるとしましょう。平均よりちょっと上くらいの人です。もし彼が、超がつくくらいの一流企業に就職したら、どうなるでしょうか。彼はほどほどには優秀かもしれませんが、同僚にはもっと優秀な人がごろごろいます。すると彼は、自分の仕事ぶりに自信を持つことができないでしょう。おそらくは、毎日、惨めな思いをして、出社するのもイヤになってしまうでしょう。

進学もそうです。たいていの人はひとつでも偏差値の高い学校に進学を希望するものですが、もし幸運なことに入学できたとしても、学年のビリのほうにいたら、自信も持てません。オーストラリアン・カソリック大学のハーブ・マーシュは、26か国から約4000名ずつの生徒の自尊心を調べ、いわゆる**「エリート校」の生徒ほど、自尊心が低くなってしまう**傾向が、調査した26か国すべてで見られたという報告をしています。

優秀な人に囲まれるのは、あまりおススメできません。自信を持てなくなってしまうから。上を目指すことはよいことかもしれませんが、居心地のいい場所を見つけたほうが幸せに生きていけます。

学校の先生に、「お前は、もっと上の学校にも合格できるぞ!」と言われても、「いいえ、私はひとつ下のランクの学校で、ずっとトップにいたいのです」と答えましょう。就職するときにも、できるだけ小さな会社に就職しましょう。そこで**ずっと「できる社員」でいたほうが、一流企業で「無能扱い」されるよりも、何倍も幸せな生活を送ることができます。**

周囲の人を見渡して、「ここなら私も一番になれそう」という場所を見つけてください。探せば、そういう場所はきっと見つかります。

他の人にどう思われようと、結局、自分にとって心地よくいられる場所が一番なのです。「私は井の中の蛙でいい」と割り切って、小さな池で暮らしたほうが絶対に幸せだと思いますよ。

あとがき

「やけどをしたときには、キュウリを切って患部にはりつけておくといいよ」

「風邪をひいたら、のどにネギを巻きつけておくといいよ」

こうした、昔から知られている生活や暮らしの知恵のことを、俗に〝おばあちゃんの知恵袋〟と呼びます。知っておくと、何かと便利な知恵のことなのですが、そういう知識を心理学でやってみたらおもしろいのではないか、と考えました。心理学の知識は、おばあちゃんの知恵袋のように、いざというときに役に立つ知識が豊富だと以前から思っていたからです。

「こういうときには、こうする」という心理学的なアドバイス集が手元にあれば、困ったときにすぐに参照できます。本書がそんな本になってくれればいいな、と思いながら執筆をいたしました。

だいたい人間の悩みというものは、お金と健康と人付き合いに集約できるように思えたので、本書ではこの3つの悩みを基本的な柱とし、そこに日常生活のさまざまな問題を加味して構成いたしました。

とにかく、ごく普通の人が生きていくうえで役に立ちそうなものは片っ端から詰め込んだつもりです。本書を、ぜひ**〝心理学の知恵袋〟**として活用していただければ幸いです。

たとえ困ったことがあっても、「こうすればいいんだよ」という解決法を知っておくだけで、まったくパニックを起こすことはありません。解決法を知らないから、どうしてよいのか皆目見当がつかず、パニックに陥るのです。

その意味では、本書を手元に置いておけば、かなり心強いのではないかと思われます。ヒマなときには何度も読み返し、本書の知識を我がものとするくらい頭に叩き込んでおきましょう。

世の中には、インチキ臭いアドバイスをする本も少なくありませんが、本書で紹介してきたネタの数々は、きちんとした専門雑誌に発表されている論文に基づいたものだけですので、安心してご利用いただけると思います。しかも、できるだけ最新の研究を集めるように心がけました。

さて、本書の執筆にあたっては日本実業出版社の編集部にお世話になりました。この場を借

内藤誼人（ないとう　よしひと）
心理学者。立正大学客員教授。有限会社アンギルド代表。慶應義塾大学社会学研究科博士課程修了。 社会心理学の知見をベースに、心理学の応用に力を注ぎ、ビジネスを中心とした実践的なアドバイスに定評がある。
『心理学BEST100』(総合法令出版)、『人も自分も操れる！　暗示大全』(すばる舎)、『気にしない習慣』(明日香出版社)、『人に好かれる最強の心理学』(青春出版社)など、著書多数。

すぐに実践したくなる
すごく使える心理学テクニック

2023年7月20日　初版発行

著　者　内藤誼人 ©Y. Naito 2023
発行者　杉本淳一

発行所　株式会社日本実業出版社　東京都新宿区市谷本村町3-29 〒162-0845
編集部　☎03-3268-5651
営業部　☎03-3268-5161　振　替　00170-1-25349
https://www.njg.co.jp/

印刷／厚徳社　　製本／共栄社

ISBN 978-4-534-06026-6　Printed in JAPAN

参考文献

Aarts, H., Dijksterhuis, A., & De Vries, P. 2001 On the psychology of drinking: Being thirsty and perceptually ready. British Journal of Psychology, 92, 631-642.

Alter, A. L., & Oppenheimer, D. M. 2006 Predicting short-term stock fluctuations by using processing fluency. Proceedings of the National Academy of Sciences of the United States of America, 103, 9369-9372.

Althagafi, S. S., AlSufyani, M. H., Shawky, O. A., Afifi, O. K., Alomairi, N., & Masoodi, I. 2019 The health anxiety in medical students, a comparative study from Taif University: Medical student's syndrome revisited. British Journal of Medical Practitioners, 12, a003.

Areni, C. S., & Kim, D. 1993 The influence of background music on shopping behavior: Classical versus top-forty music in a wine store. Advances in Consumer Research, 20, 336-340.

Atir, S., Rosenzweig, E., & Dunning, D. 2015 When knowledge knows no bounds: Self-perceived expertise predicts claims of impossible knowledge. Psychological Science, 26, 1295-1303.

Berman, M. G., Jonides, J., & Kaplan, S. 2008 The cognitive benefits of interacting with nature. Psychological Science, 19, 1207-1212.

Burriss, R. P., Rowland, H. M., & Little, A. C. 2009 Facial scarring enhances men's attractiveness for short-term relationships. Personality and Individual Differences, 46, 213-217.

Bushong, B., King, L. M., Camerer, C. F., & Rangel, A. 2010 Pavlovian processes in consumer choice: The physical presence of a good increases willingness-to-pay. American Economic Review, 100, 1556-1571.

Cameron, A. M., Massie, A. B., Alexander, C. E., Stewart, B., Montgomery, R. A., Benavides, N. R., Fleming, G. D., & Segev, D. L. 2013 Social media and organ donor registration: The Facebook effect. American Journal of Transplantation, 13, 2059-2065.

Carter, G. L., Campbell, A. C., & Muncer, S. 2014 The dark triad personality: Attractiveness to women. Personality and Individual Differences, 56, 57-61.

Chetty, R., Stepner, M., Abraham, S., Lin, S., Scuderi, B., Turner, N., Bergeron, A., & Cutler, D. 2016 The association between income and life expectancy in the United States, 2001-2014. Journal of American Medical Association, 26, 1750-1766.

Cohn, E. G. & Rotton, J. 1997 Assault as a function of time and temperature: A moderator-variable time-series analysis. Journal of Personality and Social Psychology, 72, 1322-1334.

Coker, B. L. S. 2012 Seeking the opinions of others online: Evidence of evaluation overshoot. Journal of Economic Psychology, 33, 1033-1042.

Conley, T. D., Roesch, S. C., Peplau, L. A., & Gold, M. S. 2009 A test of positive illusions versus shared reality models of relationship satisfaction among gay, lesbian, and heterosexual couples. Journal of Applied Social Psychology, 39, 1417-1431.

Dee, T. S. 2014 Stereotype threat and the student-athlete. Economic Inquiry, 52, 173-182.

Devine, D. J., Clayton, L. D., Dunford, B. B., Seying, R., & Pryce, J. 2000 Jury decision making: 45 years of empirical research on deliberating groups. Psychology, Public Policy, and Law, 7, 622-727.

DeWinstanley, P. A. & Bjork, E. L. 2004 Processing strategies and the generation effect: Implications for making a better reader. Memory & Cognition, 32, 945-955.

Dolinski, D., Nawrat, M., & Rudak, I. 2001 Dialogue involvement as a social influence technique. Personality and Social Psychology Bulletin, 27, 1395-1406.

Dunning, D., Johnson, K., Ehrlinger, J., & Kruger, J. 2003 Why people fail to recognize their own incompetence. Psychological Science, 12, 83-87.

Dura, J. R. 1988 Successful treatment of chronic psychogenic

vomiting by self-monitoring. Psychological Reports, 62, 239-242.

Edmondson, A. C. 2004 Learning from mistakes is easier said than done. Journal of Applied Behavioral Science, 40, 66-90.

Epley, N. & Schroeder, J. 2014 Mistakenly seeking solitude. Journal of Experimental Psychology: General, 143, 1980-1999.

Feinberg, M., Willer, R., Stellar, J., & Keltner, D. 2012 The virtues of gossip: Reputational information sharing as prosocial behavior. Journal of Personality and Social Psychology, 102, 1015-1030.

Flyvbjerg, B., Holm, M. K. S., & Buhl, S. L. 2004 What causes cost overrun in transport infrastructure projects? Transport Reviews, 24, 3-18.

Flynn, F. J., & Lake, V. K. B. 2008 If you need help, just ask: Underestimating compliance with direct requests for help. Journal of Personality and Social Psychology, 95, 128-143.

Frank, M. G., & Gilovich, T. 1988 The dark side of self-and social perception: Black uniforms and aggression in professional sports. Journal of Personality and Social Psychology, 54, 74-85.

Fryer, R. G. 2013 Teacher incentives and student achievement: Evidence from New York City public schools. Journal of Labor Economics, 31, 373-407.

Garrity, K., & Degelman, D. 1990 Effect of server introduction on restaurant tipping. Journal of Applied Social Psychology, 20, 168-172.

Geier, A. B., Rozin, P., & Doros, G. 2006 Unit bias: A new heuristic that helps explain the effect of portion size on food intake. Psychological Science, 17, 521-525.

Guéguen, N. 2004 Nonverbal encouragement of participation in a course: The effect of touching. Social Psychology of Education, 7,89-98.

Guéguen, N. 2012 "Say it...near the flower shop": Further evi-

dence of the effect of flowers on mating. Journal of Social Psychology, 152, 529-532.

Guéguen, N., Meineri, S., & Fishcer-Lokou, J. 2014 Men's music ability and attractiveness to women in a real-life courtship context. Psychology of Music, 42, 545-549.

Gunnell, J. J. & Ceci, S. J. 2010 When emotionality trumps reason: A study of individual processing style and juror bias. Behavioural Sciences and the Law, 28, 850-877.

Hamlet, C. C., Axelrod, S., & Kuerschner, S. 1984 Eye contact as an antecedent to compliant behavior. Journal of Applied Behavior Analysis, 17, 553-557.

Hanley, A. W., Warner, A. R., Dehili, V. M., Canto, A. I., & Garland, E. L. 2015 Washing dishes to wash the dishes: Brief instruction in an informal mindfulness practice. Mindfulness, 6, 1095-1103.

Hirshleifer, D., & Shumway, T. 2003 Good day sunshine: Stock returns and the weather. Journal of Finance, 58, 1009-1032.

Hsiang, S. M., Meng, K. C., & Cane, M. A. 2011 Civil conflicts are associated with the global climate. Nature, 476, 438-441.

Hsu, L. M., Chung, J., & Langer, E. J. 2010 The influence of age-related cues on health and longevity. Perspectives on Psychological Science, 5, 632-648.

Johnco, C., Wheeler, L., & Taylor, A. 2010 They do get prettier at closing time: A repeated measures study of the closing-time effect and alcohol. Social Influence, 5, 261-271.

Jonason, P. K. & Li, N. P. 2013 Playing hard-to-get: Manipulating one's perceived availability as a mate. European Journal of Personality, 27, 458-469.

Kahneman, D. & Klein, G. 2009 Conditions for intuitive expertise: A failure to disagree. American Psychologist, 64, 515-526.

Kang, S. K., DeCelles, K. A., Tilcsik, A., & Jun, S. 2016 Whitened résumés: Race and self-presentation in the labor market. Administrative Science Quarterly, 61, 469-502.

Kraus, M. W., Huang, C., & Keltner, D. 2010 Tactile communication, cooperation, and performance: An ethological study of the NBA. Emotion, 10, 745-749.

Kühn, S., Gleich, T., Lorenz, R. C., Lindenberger, U., & Gallinat, J. 2014 Playing Super Mario induces structural brain plasticity: Gray matter changes resulting from training with a commercial video game. Molecular Psychiatry, 19, 265-271.

Laird, D. A. 1932 How the consumer estimates quality by subconscious sensory impressions with special reference to the role of smell. Journal of Applied Psychology, 16, 241-246.

Lamy, L., Fischer-Lokou, J., & Guéguen, N. 2015 Places for help: Micro-level variation in helping behavior toward a stranger. Psychological Reports, 116, 242-248.

Larrick, R. P., Timmerman, T. A., Carton, A. M., & Abrevaya, J. 2011 Temper, temperature, and temptation: Heat-related retaliation in baseball. Psychological Science, 22, 423-428.

Lenton, A. P. & Francesconi, M. 2010 How humans cognitively manage an abundance of mate options. Psychological Science, 21, 528-533.

Lerner, J. S., Gonzalez, R. M., Small, D. A., & Fischhoff, B. 2003 Effects of fear and anger on perceived risks of terrorism. A national field experiment. Psychological Science, 14, 144-150.

Levine, M., Prosser, A., Evans, D. & Reicher, S. 2005 Identity and emergency intervention: How social group membership and inclusiveness of group boundaries shape helping behavior. Personality and Social Psychology Bulletin, 31, 443-453.

Lichtenfeld, S., Elliot, A. J., Maier, M. A., & Pekrun, R. 2012 Fertile green: Green facilitates creative performance. Personality and Social Psychology Bulletin, 38, 784-797.

Lieberman, M. D., Eisenberger, N. I., Crockett, M. J., Tom, S. M., Pfeifer, J. H., & Way, B. M. 2007 Putting feelings into words: Affect labeling disrupts amygdala activity in response to affective stimuli. Psychological Science, 18, 421-428.

Lin, H. M., Lin, C. H., & Hung, H. H. 2015 Influence of chopstick size on taste evaluations. Psychological Reports, 116, 381-387.

Main, K. J., Dahl, D., & Darke, P. R. 2007 Deliberative and automatic bases of suspicion: Empirical evidence of the sinister attribution error. Journal of Consumer Psychology, 17, 59-69.

Marsh, H. & Hau, K. T. 2003 Big-fish-little-pond effect on academic self-concept: A cross-cultural(26-country) test of the negative effects of academically selective schools. American Psychologist, 58, 364-376.

McCabe, D. P. & Castel, A. 2007 Seeing is believing: The effect of brain images on judgments of scientific reasoning. Cognition, 107, 343-352.

McKenna, K. Y. A., Green, A. S., & Gleason, M. E. J. 2002 Relationship formation on the internet: What's the big attraction? Journal of Social Issues, 58, 9-31.

Miller, C. T. & Downey, K. T. 1999 A meta-analysis of heavyweight and self-esteem. Personality and Social Psychology Review, 3, 68-84.

Morton, T. A., & Duck, J. M. 2006 Enlisting the influence of others: Alternative strategies for persuasive media campaigns. Journal of Applied Social Psychology, 36, 269-296.

Mueller, J. S., Goncalo, J. A., & Kamdar, D. 2011 Recognizing creative leadership: Can creative idea expression negatively relate to perceptions of leadership potential? Journal of Experimental Social Psychology, 47, 494-498.

Mueller, P. A. & Oppenheimer, D. M. 2014 The pen is mightier than the keyboard: Advantages of longhand over laptop note taking. Psychological Science, 25, 1159-1168.

Nestojko, J. F., Bui, D. C., Kornell, N., & Bjork, E. L. 2014 Expecting to teach enhances learning and organization of knowledge in free recall of text passages. Memory & Cognition, 42, 1038-1048.

Nolan, J. M., Schultz, P. W., Cialdini, R. B., Goldstein, N. J., & Griskevicius, V. 2008 Normative social influence is underdetected. Personality and Social Psychology Bulletin, 34, 913-923.

Patall, E. A., Cooper, H., & Wynn, S. R. 2010 The effectiveness and relative importance of choice in the classroom. Journal of Educational Psychology, 102, 896-915.

Peck, J., & Shu, S. B. 2009 The effect of mere touch on perceived ownership. Journal of Consumer Research, 36, 434-447.

Peskin, M. & Newell, F. N. 2004 Familiarity breeds attraction: Effects of exposure on the attractiveness of typical and distinctive faces. Perception, 33, 147-157.

Peter, J., Valkenburg, P. M. & Shouten, A. 2005 Developing a model of adolescent friendship formation on the internet. Cyberpsychology & Behavior, 8, 423-430.

Phillips, D. P., Liu, G. C., Kwok, K., Jarvinen, J. R., Zhang, W., & Abramson, I. S. 2001 The hound of the Baskervilles effect: Natural experiment on the influence of psychological stress on timing of death. British Medical Journal, 323, 1443-1446.

Pool, M. M., Koolstra, C. M., & van der Voort, T. H. A. 2003 The impact of background radio and television on high school students' homework performance. Journal of Communication, 53, 74-87.

Postmes, T., Spears, R., & Cihangir, S. 2001 Quality of decision making and group norms. Journal of Personality and Social Psychology, 80, 918-930.

Raghubir, P., & Srivastava, J. 2008 Monopoly money: The effect of payment coupling and form on spending behavior. Journal of Experimental Psychology:Applied, 14, 213-225.

Roberts, S. C., Little, A. C., Lyndon, A., Roberts, J., Havlicek, J., & Wright, R. L. 2009 Manipulation of body odour alters men's self-confidence and judgements of their visual attractiveness by women. International Journal of Cosmetic Science, 31, 47-54.

Rudd, M., Vohs, K. D., & Aaker, J. 2012 Awe expands people's perception of time, alters decision making, and enhances well-being. Psychological Science, 23, 1130-1136.

Savitsky, K., Adelman, R. M., & Kruger, J. 2012 The feature-positive effect in allocations of responsibility for collaborative tasks. Journal of Experimental Social Psychology, 48, 791-793.

Savitsky, K., Medvec, V. H., & Gilovich, T. 1997 Remembering and regretting: The Zeigarnik effect and the cognitive availability of regrettable actions and inactions. Personality and Social Psychology Bulletin, 23, 248-257.

Schindler, S., Reinhard, M. A., & Stahlberg, D. 2011 Repetition of educational AIDS advertising affects attitudes. Psychological Reports, 108, 693-698.

Seiter, J. S., Brownlee, G. M., & Sanders, M. 2011 Persuasion by way of example: Does including gratuity guidelines on customer's checks affect restaurant tipping behavior? Journal of Applied Social Psychology, 41, 150-159.

Shook, N. J., & Fazio, R. H. 2008 Interracial roommate relationships. Psychological Science, 19, 717-723.

Sigirtmac, A. D. 2016 An investigation on the effectiveness of chess training on creativity and theory of mind development at early childhood. Educational Research and Reviews, 11, 1056-1063.

Soetevent, A. 2005 Anonymity in giving in a natural context: A field experiment in 30 churches. Journal of Public Economics, 89, 2301-2323.

Stephan, Y., Sutin, A. R., & Terracciano, A. 2016 Feeling older and risk of hospitalization: Evidence from three longitudinal cohorts. Health Psychology, 35, 634-637.

Stephens, R., Atkins, J., & Kingston, A. 2009 Swearing as a response to pain. Neuroreport, 20, 1056-1060.

Summers, T. A., & Hebert, P. R. 2001 Shedding some light on store atmospherics: Influence of illumination on consumer

behavior. Journal of Business Research, 54, 145-150.

Taylor, A., Wright, H. R., & Lack, L. 2008 Sleeping-in on the weekend delays circadian phase and increases sleepiness the following week. Sleep and Biological Rhythms, 6, 172-179.

Thornton, B., Faires, A., Robbins, M., & Rollins, E. 2014 The mere presence of a cell phone may be distracting: Implications for attention and task performance. Social Psychology, 45, 479-488.

Tifferet, S., Kruger, D. J., Bar-Lev, O., & Zeller, S. 2013 Dog ownership increases attractiveness and attenuates perceptions of short-term mating strategy in cad-like men. Journal of Evolutionary Psychology, 11, 121-129.

Van Tilburg, W. A. P., & Igou, E. R. 2014 The impact of middle names: Middle name initials enhance evaluations of intellectual performance. European Journal of Social Psychology, 44, 400-411.

Vincke, E. 2016 The young male cigarette and alcohol syndrome: Smoking and drinking as a short-term mating strategy. Evolutionary Psychology, 14, 1-13.

Weege, B., Lange, B. P., & Fink, B. 2012 Women's visual attention to variation in men's dance quality. Personality and Individual Differences, 53, 236-240.

Wiltermuth, S. S., & Gino, F. 2013 "I'll have one of each": How separating rewards into (meaningless) categories increases motivation. Journal of Personality and Social Psychology, 104, 1-13.

りてお礼を申し上げます。他の業界もそうだと思うのですが、出版業界もなかなかに厳しい状況にあり、本を出版するのがとても難しくなっています。そのような状況の中で、本書を刊行するためのお骨折りをいただき、まことに感謝しております。

最後になりましたが、読者のみなさまにも心よりお礼を申し上げたいと思います。本当に最後までお付き合いくださり、ありがとうございました。

これからも、読者のみなさまに役に立つような実践的な心理学の本をつくっていきたいと思いますので、ぜひ末永くお付き合いくだされば幸いです。

それでは、またどこかでお目にかかりましょう。

内藤誼人